ドイツ語
発音・発話 徹底ガイド

Mutsumi Tachikawa

Junko Nakagawa

ikubundo

本書の音声について

この書籍の音声は郁文堂のホームページよりダウンロードすることができます。

http://www.ikubundo.com/related/42

別売のCD2枚組（2,000円+税）もございますので、ご希望の方は下記までお問合せください。

営業部：03-3814-5571　E-Mail: info-ikb@ikubundo.com

本文イラスト：藤沢 David (p.7, 126, 136, 140, 147, 155, 200)
カバーデザイン・イラスト：郁文堂編集部

はじめに

　本書は，個々の音の出し方からリズム・イントネーション，朗読法まで，目的に応じてドイツ語の音声を学べる総合的な発音教材です。具体的には，**「出したことのない(出せなかった) 音が出せるようになる」「伝わる (聞く気にさせる) 発音ができるようになる」「リスニング力をアップさせる」** の三つの目標が達成できるよう，詳しい解説と豊富な練習材料を提供しています。「文の発音」「単音・音節の発音」「文章の発音」の各パートはモジュール式に構成されており，どのレベルの学習者でも，思い立ったときに必要な範囲を選んで学ぶことができます。

　ドイツ語を始めたばかりの学習者が発音を学べるよう，「文の発音」「単音・音節の発音」で用いられている語彙および文法は，独検 (ドイツ語技能検定試験) 5~3 級程度，CEFR (ヨーロッパ言語共通参照枠) A1~A2 を目安にしています。各所にリスニング練習もあります。

謝辞

　これまで多くの方々のご支援をいただいて，本書は出版に至りました。Debora Diehl 氏には企画段階より終始，専門とする発話学の観点から，また言語聴覚士としての現場経験から多大のご協力をいただきました。付属の音声教材はすべて Diehl 氏のコーディネイトのもと，ドイツのスタジオで録音を行ったものです。ご助力に深謝いたします。上智大学名誉教授・國學院大学教授の新倉真矢子氏には，音声学の観点から専門的なアドバイスをいただきました。心より御礼申し上げます。なお当然のことながら，記述内容の全責任は著者にあります。浅利葉子氏にはレイアウトの調整をお願いしました。音声メディアの製作は，JAT の吉田真祐氏が引き受けてくださいました。また，紙面の都合上お名前をすべて挙げることはできませんが，多くの方々からさまざまなサポートや励ましの言葉をいただきました。特に郁文堂の柏倉健介氏には，出版にあたって多くの苦労をおかけしました。柏倉氏のご尽力がなければ，本書が世に出ることはありませんでした。ここにあらためて感謝の意を表します。

2019 年 5 月　著者

本書の構成と特徴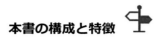

文の発音

ドイツ語のリズムを頭→耳→口で体得する

　伝えたい内容や感情を的確に表現し，スムースなコミュニケーションを実現するためにも言葉のリズムの習得は欠かせません。「文の発音」では，平易な例文でドイツ語の文アクセントやイントネーションの規則，および文レベルで起こる音変化について学びます。
　言語の音声リズムの習得には「まね」が効果的です。規則をある程度頭に入れた上で付属のネイティブ・スピーカーの音声を聞き，例文を何度も音読してください。

単音・音節の発音

音声器官を操って未知の音を出す

　言葉となる音は，どの言語のどんな音でも音声器官を使って発せられます。これはすなわち，音声器官を自在に操れるようになれば今まで出したことのない，あるいは聞いただけではどうしても出せなかった音が出せるようになるということです。「単音・音節の発音」では，目的の音を出すために口や舌をどのように動かし，息や声をどのように出せばよいかを一つ一つの音について詳しく説明しています。
　単音の発音では，耳で聞いて繰り返すのがうまくいくとは限りません。知識として音の出し方を知ること，音が出せたら身につくまで繰り返し練習することが大切です。自分の発音を録音して聞いてみましょう。ネイティブ・スピーカーの音声は，自分の音が目的の音に似ているかどうかの確認に補助的に利用してください。

文章の発音

「伝わる話し方」を身につける

　言葉はコミュニケーションの手段です。個々の音をいくら的確に発音しても，話すスピードが速すぎたり遅すぎたり，話し方があまりに単調であったり，間(ま)の取り方が適切でなかったりすると，聞き手は話のつながりを見失ってしまい，聞く気をなくしてしまうかもしれません。「文章の発音」では，聞く人に伝わる発音をめざし，ドイツ語で書かれた文章を人に読み聞かせる際の基本的な技法を学びます。
　朗読法の基本を知ると，日常的なコミュニケーションの中でも効果的な発話ができるようになります。また，相手の発音や話し方にも注意が向くようになり，自然と聞き取り力もアップします。

まずはこれだけドイツ語発音の基本 🔓

　ドイツ語を始めたばかりの学習者が，語の発音に困らず，当面スムースに文法や会話の学習ができるように必要最小限の知識を盛り込みました。ドイツ語の発音を最速でマスターできます。

🥁 リズム練習

　ドイツ語の基本的な音声リズムを学ぶための練習です。各モジュールから独立しています。日本語的な発音を脱し，ドイツ語らしい発音に近づく第一歩となる練習ですから，どのモジュールの学習を始める場合でも必ず一読して，ひと通り練習してください。机を軽く叩くなど，リズムを取りながら発音してみましょう。「リズム練習2」の練習用例文は初学者の方にはやや難しいかもしれません。ハミングだけでもOK ですから，ネイティブ・スピーカーの音声をまねてドイツ語のリズムになじんでください。

＜付録1＞ 朗読してみよう 📖
　　　　　 歌ってみよう♪♪ 🎵

　本書の最後には，朗読練習用のテキストとドイツ・リートが和訳つきで載っています。ネイティブ・スピーカーによる録音もあります。自分で読んだり歌ったり，付属の音声を聞いて楽しんだりと自由に活用してください。

＜付録2＞ 発音のしくみ 🔧

　まず日本語で使っている音を確認することから始めて，発音の基礎を学んでいきます。また，ドイツ語をドイツ語らしく発音するためには何に気をつけたらよいかを学びます。本編各項目の導入や練習には発音の具体的な説明や指示がありますから，「発音のしくみ」をすべて理解してから練習に入る必要はありません。とはいえ最初に全体像を把握しておいた方が練習の効率がよいので，読んでから進むのがおすすめです。練習に入ってからも，関連する部分を随時参照してください。

※音声は発音記号を使って表記します。本書で使用する国際音声字母 (IPA = International Phonetic Alphabet) は，言語音を表記する世界共通の記号です (☞発音のしくみ1 (4))。最初は難しく感じるかもしれませんが，慣れれば記号を読んでその音を発音したり，聞いた音声をIPA で表記したりすることができるようになります。IPA を知ればドイツ語だけでなく，他の外国語の発音を学ぶスキルもアップします。

目　次

はじめに 3

本書の構成と特徴 4

ドイツ語のアルファベット 8

まずはこれだけドイツ語発音の基本 9

リズム練習 1 14

文の発音

本章の構成と使い方 16

1．アクセント（1） 17

2．イントネーション（1） 21

3．イントネーション（2） 26

チャレンジ 29

4．アクセント（2） 30

チャレンジ 34

5．音の変化 35

チャレンジ 38

総合練習　1・2・3 40

単音・音節の発音

本章の構成と使い方 43

1．母音（1）[i:][e:][y:][ø:] 45

2．母音（2）[ɛ:][a:][ɛ][a] 47

クイズ1　次の母音を表すつづり字は
どれ？ 49

3．子音（1）[m][n][ŋ] 50

4．母音（3）[ə][ɐ] 52

発音のポイント①　＜決まりとコツ＞
.... 54

チャレンジ 54

会話　〜お茶ください〜 56

5．母音（4）[u:][o:] 57

6．母音（5）[ɪ][ʊ][ʏ][ɔ][œ] 59

7．母音（6）[aɪ][aʊ][ɔɪ] 62

クイズ2　次の母音を表すつづり字は
どれ？ 64

8．子音（2）[l][ʁ] 65

発音のポイント②　＜日本語話者が
苦手とするところ＞ 68

チャレンジ 68

会話　〜はじめまして！〜 70

9．子音（3）[p][t][k] 71

10．子音（4）[b][d][g] 74

発音のポイント③　＜無声化の規則＞
.... 76

チャレンジ 77

会話　〜動物園で〜 78

11．子音（5）[f][v] 79

12．子音（6）[s][z][ʃ] 82

発音のポイント④　＜アクセントの
ない接頭辞＞　＜s が表す音＞ 85

チャレンジ 86

クイズ3　食べ物を表すのはどれ？ 87

会話　〜青のＶＷです〜 87

13．子音（7）[ç][x] 88

14．子音（8）[h][j] 91

発音のポイント⑤　＜ch が表す音＞
＜g が表す音＞ 94

チャレンジ..............................94

会話 ～自己紹介～.....................96

15．子音 （9）[ts][tʃ][pf]..........97

発音のポイント⑥ ＜個別の決まり＞
＜x が表す音＞.......................100

チャレンジ............................100

クイズ4 動物を表すのはどれ？.....101

クイズ5 どこの国（都市）？........102

会話 ～お大事に！～...................102

総合練習 1・2・3...................103

リズム練習2..........................104

文章の発音

本章の構成と使い方....................113

1．言葉のまとまりを意識する......115

2．声の上げ下げに気をつける......123

3．ポーズの入れ方を工夫する......129

4．声の大きさや速さを調節する...137

5．韻律を意識する.....................148

＜付録1＞

朗読してみよう...........................156

歌ってみよう.............................160

＜付録2＞ 発音のしくみ

1．発音の基礎知識.......................163

（1）無声音と有声音...................163

（2）母音と子音........................164

＜表＞調音点............................165

＜図＞口腔断面図........................165

＜表＞調音法............................166

（3）音素................................167

（4）音の表記...........................168

（5）音声リズム........................170

2．ドイツ語の音声の特徴.............172

（1）音声の単位........................172

（2）閉音節..............................173

（3）母音の連続①.....................174

（4）母音の連続②.....................175

（5）母音の長短........................176

（6）アクセント........................177

（7）アルファベット...................178

（8）語構成と発音......................179

（9）文レベルの発音...................180

答えと解説...............................182

語彙集....................................193

Das Alphabet

🔊 2-39

A	a	[aː]	Q	q	[kuː]
B	b	[beː]	R	r	[ɛʁ]
C	c	[tseː]	S	s	[ɛs]
D	d	[deː]	T	t	[teː]
E	e	[eː]	U	u	[uː]
F	f	[ɛf]	V	v	[faʊ]
G	g	[geː]	W	w	[veː]
H	h	[haː]	X	x	[ɪks]
I	i	[iː]	Y	y	[ýpsilɔn]
J	j	[jɔt]	Z	z	[tsɛt]
K	k	[kaː]			
L	l	[ɛl]	Ä	ä	[ɛː]
M	m	[ɛm]	Ö	ö	[øː]
N	n	[ɛn]	Ü	ü	[yː]
O	o	[oː]			
P	p	[peː]		ß	[ɛstsɛ́t]

まずはこれだけドイツ語発音の基本 🔓

発音のポイント

1. ドイツ語の文字は英語などと同様にローマ字ですが，文字とそれが表す音の関係はドイツ語固有のものも多くあります。
2. とりあえずローマ字読みをします。
3. 最初の母音にアクセントを置きます。　※語の由来や構成により例外もあります。
4. アクセントのある母音に続く子音が一つ以下のときは，その母音を長く発音します（gut）。続く子音が二つ以上のときは，母音を短く発音します（Luft）。
5. 同じ子音字が続くときは一つの子音として発音しますが，前の母音は短く発音します（kommen）。
6. 同じ母音字が続くときは，一つの長い母音として発音します（Boot）。

-発展-

7. 語が母音で始まる場合，一瞬喉で息を止めてから出だしの母音を発すると（軽く「ッァ」と言う感じ），ドイツ語らしい発音になります。
8. 子音をしっかり発音しましょう。語末子音や子音連続では不要な母音を添えないようにします。p, t, k では十分に息を放出し，f, w, s, sch などでは息が擦れる音がはっきり聞こえるように発音しましょう。

母音は，1）口の開き具合 2）舌の位置の前後 3）唇の丸めの有無 で音が異なります。

1）口の開き

「イ」「エ」「ア」と言ってみると，日本語では 3 段階に口が開いていくのがわかります。一方ドイツ語の母音では，i [i:] ⇒ e [e:] ⇒ ä [ɛ:] ⇒ a [a:] と 4 段階を区別します。

2）舌の位置

日本語の「イ」と「ウ」を発音してみると，「イ」では舌が前の方に動きますが，「ウ」では舌全体が奥に引っ込みます。ドイツ語の i [i:], e [e:]では，それぞれ「イ」「エ」よりも舌を前に出し，u [u:], o [o:] では，「ウ」「オ」よりもっと後ろに引いて発音します。

3）唇の丸め

日本語では，「オ」で唇を軽く丸めるほかは，母音の発音に唇がほとんど関与しません。一方ドイツ語では，唇の形が大事な役割を果たします。i [i:]や e [e:]では，唇をしっかり横に引きます。そのまま同じ舌の位置で声を出しながら唇を丸めると，ü [y:] や ö [ø:]の音になります。

◎ この母音に注意！

i　長い [iː] と短い [ɪ] の音を表します。[iː] では唇の両端を両手の人差し指で左右に引っ張るようなイメージで, 唇を横に思い切り引いて発音します。[ɪ] では, 唇や舌の張りを少しゆるめて発音します※。

> ※ドイツ語の長母音は発音時に唇・舌が張る緊張音, 短母音は唇・舌がゆるむ弛緩音です。a [aː]/[a], ä [ɛː]/[ɛ] を除き, ドイツ語の母音は長短で音質が異なります。

e　長い [eː] と短い [ɛ] の音を表します。[eː] では, 日本語の「エー」よりも「イー」に近いくらい, 唇を横に引いて発音します。[iː] の口の形で「エー」と言う感じです。短く発音する e [ɛ] は, ä が表すのと同じ音です。

ä　長い [ɛː] と短い [ɛ] の音を表します。日本語の「エー」「エ」に近い音ですが, もっと（2本重ねた指が軽く入るくらい）口を開けて発音します。

u　長い [uː] と短い [ʊ] の音を表します。[uː] では口笛を吹くように唇を丸めて突き出し, 日本語の「ウ」のときよりも唇に力を入れて発音します。このとき舌を強く奥に引きます。上唇をやや下に向ける意識を持って発音するのがコツです。[ʊ] では, 唇や舌の張りを少しゆるめて発音します。

ü, y　長い [yː] と短い [ʏ] の音を表します。i [iː] と言いながら（同じ舌の位置で）唇を u [uː] のときのように丸めて突き出した形にすると, [yː] になります。下唇をやや上に向ける意識を持って発音するのがコツです。[ʏ] では, 唇や舌の張りを少しゆるめて発音します。

ö　長い [øː] と短い [œ] の音を表します。e [eː] と言いながら（同じ舌の位置で）唇を o [oː] のときのように丸くすぼめた形にすると, [øː] になります。[œ] では, 唇や舌の張りを少しゆるめて発音します。

母音字＋h（**ah　eh　ih　oh　uh　äh　öh　üh**）
　　長い母音として発音します（[aː] [eː] [iː] [oː] [uː] [ɛː] [øː] [yː]）。

> ※後に母音が続く場合, 前の長い母音を発した後, 一瞬喉で息を止めるようなつもりで後ろの母音（通常 [ə] か [ɐ] (gehen, näher)）を発音します。前後の母音がつながらないよう, しっかり区切って発音しましょう。

ie　長い母音 [iː] を表します。**i, ih** が表すのと同じ音です。

-e(n)　語末の **-e, -en** の e は, [ə] の音を表します。接頭辞の be-, ge- の e も同様です。唇や舌に力を入れず, 口を半開きにして弱く短く「ェ」と言います。語末の **-el, -em, -en** では, **e** の音がしばしば省略されます。

-r (er, mir, Tor など語末で, また hört など語中の長母音の後で)

-er (aber, immer など 2 音節以上の (＝母音を二つ以上含む) 語の語末で)

    -r , **-er** ともに [ɐ] の音を表します。唇や舌に力を入れず, 口を半開きにして弱く
短く「ァ」と言います。

    ※hö**r**en など **r** が音節の頭になる場合は, 子音の音 [ʁ] になります。

    ※1 音節の語では, **er** は [eːɐ] または [ɛʁ][ɛɐ] と発音します (her [heːɐ] など)。接頭
辞の ver-も, [fɛɐ]と発音します。

二重母音   二つの音を切って発音することはできません。後ろの母音は前の母音に
添えるように, ややあいまいに発音します。

ai, ei   二重母音 [aɪ] の音を表します。日本語の「アィ」の音に似ています。

au   二重母音 [aʊ] の音を表します。日本語の「アォ」の音に似ています。

eu, äu   二重母音 [ɔɪ] の音を表します。日本語の「オィ」の音に似ています。

♪ 発音してみよう 🔊1-2

Name	Mutter	Auto	Tee	Männer
der	können	Uhr	Bein	Leute
nehmen	Tür	Bäume	lieben	Bier

※ドイツ語では, 名詞の頭文字を大文字書きします。

子音は, 呼気が 1) どこで 2) どんな妨害を受けるか, 3) 声帯が震えて声が出るかどうか
で, 音が異なります。

1) 調音点

    呼気の流れが妨げられる場所です。例えば日本語の「プ」「フ」の子音の調音点は「両
唇」,「タ」「サ」の子音の調音点は「歯茎」(上の前歯の裏の歯茎)です。

2) 調音法

    妨害の仕方です。例えば「プ」や「タ」の子音は呼気の流れをいったんせき止めて出す
音,「フ」や「サ」の子音は呼気の通り道を狭めて出す音です。

3) 有声 / 無声

    例えば日本語では, ガ行の子音[g]とカ行の子音[k]は調音点・調音法は同じで, 声帯の
震えを伴うか (＝有声) 否か (＝無声) だけで違う音と認識されます。ドイツ語でも有声
音と無声音が区別されます。

◎ この子音に注意！

j　　　[j] の音を表します。日本語のヤ行の子音と同じ音です。

l　　　[l] の音を表します。舌先を上の歯茎 (前歯の根元) に広く平らに押し当てたまま，舌の両側の隙間から「ルー」と声を出すようにして発音します。

n　　　[n] の音を表します。日本語の「ナ・ヌ・ネ・ノ」の子音と同じ音です。語のどの位置でも舌先を上の歯茎につけて発音します。ただし **ng** は2文字で[ŋ] の音を表します。前舌の上に指先を置いて [n] を出そうとすると，口の奥で舌が盛り上がって [ŋ] が出ます。

r　　　[ʁ] の音を表します。舌先を下の前歯の裏に軽くつけた状態で「ラー」と強く声を出すと，[ʁ] の音が出ます。前舌を上あごにつけずに発音するのがポイントです。うまく音が出せないときは，指先を舌の上に置いて発音してみましょう。

　　　　　r が [ʁ] と発音されるのは，**r** が音節の頭になるときと (Lehrer [léːʁɐ])，語中で子音や短い母音の後に来るときです (Brief [bʁiːf], Birne [bíʁnə])。

v　　　[f] の音を表します。**f, ff, ph** が表すのと同じ音です。上の前歯と下唇の内側を軽く接触させ，歯と唇の隙間から強く息を出して発音します。ただし主に外来語では，**v** は **w** と同様，有声音[v]を表します (November [Novémbɐ])。

w　　　[f]の有声音[v]の音を表します。**qu-**では **u** が[v]の音になります(Quittung [kvítʊŋ])。

z　　　[ts]の音を表します。「ツ」の子音と同じ音です。**ts** や **tz, tion** の **t** も [ts]と発音します。

th, -dt　[t]の音を表します。**t, tt** が表すのと同じ音です。

♪ 発音してみよう 🔊I-3

Vater	jetzt	wollen	Zimmer	Rathaus
vorhaben	Brot	Wagen	Thema	Klavier

※Rathaus, vorhaben はそれぞれ Rat と Haus, vor と haben の合成語です。構成素ごとに発音の規則が適用されます。Klavier は外来語です。v は[v]の音を表し, ie にアクセントが置かれます。

語末・音節末の -b, -d, -g

　　　　それぞれ [p] [t] [k] の音を表します。[b] [d] [g] との違いは，有声か無声かの違いです。語末・音節末ではこの区別がなくなり，無声音 [p] [t] [k]になります。語中でも無声子音の前では無声化します (Obst [oːpst])。

ch	語頭, 子音の後, 母音 i, e, ä, ö, ü, ai/ei, eu/äu の後の **ch** は, [ç] の音を表します。日本語の「ヒ」の子音と同じ音です。 **ch** は, 母音 a, o, u, au の後では [x] の音を表します。「カ」と言うつもりで口の奥で舌を上あごにはつけず, 狭めを作るだけにしてください。その隙間から強く息を出したとき, 摩擦によって出る音が [x] です。
-(i)g	語末・音節末の -ig の **g** も [ç] の音を表し, -ig は [ıç] と発音します。ただし, 語形変化によって後に母音が続くときは [ıg] となります。
chs, x	[ks] の音を表します。**chs** の **ch** は [k] と発音します。常に無声で (Examen [ɛksá:mən]), 英語のように [gz] (exact [egzǽkt]) となることはありません。
ss, ß	常に [s] の音を表します。
s+母音	**s** は ss, ß と同様に [s] の音を表しますが (Glas [gla:s]), 母音の前では有声音 [z] になります (Gläser [glɛ́:zɐ])。
sch	[ʃ] の音を表します。舌先よりやや後ろの部分を上の歯茎に近づけ, その隙間から強く息を出して発音します。その際, 唇を丸めて前に突き出します。
sp-, st-	[ʃp] [ʃt] と発音します。**sp-, st-** で始まる語 (合成語内を含む)では, **s** が [ʃ] の音を表します。
tsch	[tʃ] の音を表します。舌先を上の歯茎につけ, 息をいったん止めます。口をとがらすように唇を前に突き出し, 舌先を上の歯茎から離すと同時に下の歯茎の方へ引きながら息を出して発音します。
pf	[pf] の音を表します。唇を閉じ, 息をいったん止めます。唇をわずかに開くと同時に下唇を上の前歯の下へ引きながら息を出して発音します。

♪ 発音してみよう 🔊I-4

Schwester	sagen	Freund	Milch
versprechen	Hausaufgaben	gelb	Fuß
Stadt	Handtuch	auch	Käse
richtig	Tag	Deutsch	wissen

※versprechen はアクセントを持たない接頭辞 ver と sprechen の合成語で, sprechen の最初の e にアクセントが来ます。Haus|aufgaben, Hand|tuch も合成語です。

 リズム練習 1

　個々の音は，今まで出したことのない音でも，音の出し方を知り音声器官を操ることで発音できるようになりますが，各言語に特有のリズムやイントネーションは母語の影響が強く，なかなか身につけることができません。ここでは日本語のリズムを意識することから始めて，ドイツ語のリズムに慣れるための練習をします。
　次の na 音の連続を，かっこ内の語をイメージして高低をつけて発音してください。手を上下に動かして高低のリズムを取りながら発音すると効果的です。

na-na （かさ（傘））　　na-**na** （やま（山））　　**na**-na-na （たはた（田畑））

na-**na-na** （あたま（頭））　　na-**na**-na （はまや（破魔矢））

　ドイツ語は強弱リズム言語です。今度は強勢記号のついた母音 (á, é, í) を前後の音より強く発音してみましょう。母音を出す瞬間に声帯を緊張させ（喉仏の辺りに力を込める感じ），やや強く長めに息を吐きます。強弱をつけて机を打ちながら発音しましょう。

ná-na　　　　na-ná　　　　ná-na-na　　　　na-ná-na
né-ne-ne-ne　　　　mi-mí-mi-mi
pi-pi-pí-pi　　　　na-na-na-ná

　日本語では，正確に発音しようとすると「ン」「ッ」「ー」も他の仮名 1 文字と均等の長さになります。仮名 1 文字分の音の長さの単位を「拍」といいます。

ki-n-ka （きんか（金貨））　　sa-**n-ka** （さんか（参加））

ka-k-ka （かっか（閣下））　　sa-**k-ka** （さっか（作家））

　※2 拍目の k は 1 拍分の休止を表します。

go-o-ka （ごうか（豪華））　　to-**o-ka** （とおか（十日））

音節 (母音一つを含む音のまとまり) が発音の単位となるドイツ語では,「ン」「ッ」「ー」に当たる音は単独では発音されず, 直前の音節の一部として発音されます。今度は強弱をつけながら, 音節単位で発音してみましょう。

kín-ka   san-ká

ká-ka   sa-ká   ※第 1 音節の母音 a は短く発音します。

gó-ka   to-ká   ※第 1 音節の母音 o は長く発音します。

ドイツ語では, 音節がしばしば子音で終わります (es | reg | net)。このような音節を閉音節といいます。日本語の音節は基本的に母音で終わる開音節ですが (「か[ka] | め[me]」), 日本語でも母音で声が出ず (= 無声化), 子音だけの発音と近い音が出されることがあります。次の語を自然な速さの共通語アクセントで発音してみましょう。

ひとり   あした   たくさん

りっぷく (立腹)   たべます (食べます)

「ひとり」の「ひ」,「あした」の「し」,「たくさん」の「く」,「りっぷく」の「ぷ」,「たべます」の「す」で, 母音がほとんど聞こえませんね。子音だけでうまく発音できない場合は, 日本語の母音の無声化をイメージして練習しましょう。

半角カタカナの所では, 母音を出さずに (閉音節感覚で) 発音してみましょう。

ﾋ とり [çtoɾi]   あ ｼ た [aɕta]   た ｸ さん [taksan]
(2 音節)   (2 音節)   (2 音節)

りっ ﾌﾟ く [ɾippkɯ]   たべま ｽ [tabemas]
(2 音節)   (3 音節)

文の発音

> Ich wohne...

本章の構成と使い方

　ここでは文レベルでのアクセント，イントネーション，音変化について学びます。これらは「超分節素」と呼ばれることもあります。文は複数の音節や語に区切ることができますが，その区切れ（分節素）の上にまたがって起こる現象と言えるからです。近年の発音教育では，その言語らしい自然な発音をめざして，早い段階からこのような大きい単位の学習を取り入れた方がよいとの考え方が優勢です。「文の発音」は初級文法の既習者を対象としていますが，ドイツ語を始めたばかりの方も文法学習の終了を待たずに学習を始めてください。

❏ リズムに乗せよう

　文レベルでの発音のルールについて学びます。＜もう少し詳しく＞では，文法用語などもやや難しいものが使われていますので，飛ばして練習に入ってもかまいません。ただし，**自然でなめらかな発音を！** には目を通して，ドイツ語のリズムのポイントを押さえてください。

発音してみよう

　どの課でも発音の仕方を指示する記号や図がありますので，まずはその指示に従って発音してください。同時に机を軽く叩く，指を鳴らすなどしてリズムを取ると効果的です。すべての発音練習でネイティブ・スピーカーによる音声を聞くことができます。まずはハミングだけでかまいませんから，何度も聞いてまねしてドイツ語のリズムをつかんでください。また，自分の発音を録音して客観的に聞いてみるのもおすすめの方法です。自分では出せているつもりの音が，案外うまく発音できていないことに気づくことがあるかもしれません。

チャレンジ！

　3〜5課の後には**チャレンジ！**コーナーがあります。力試しに挑戦してください。

総合練習

　章のまとめの練習です。発音練習と聞き取り練習があります。

1. アクセント (1)

❏ リズムに乗せよう

> 　一語一語にアクセントがあっても，発話では内容的に重要な語と重要でない語が区別され，重要な語だけに文中でアクセントがつき，相対的に強く発音されます。アクセントのつかない語は，弱く速めに発音します。
>
> 　文全体では，基本的に文末や文末に近い重要な語（のアクセントがある部分）が特に強く発音されます。これを文アクセントといいます。
>
> 　文が複数の言葉のまとまり（＝アクセントグループ ☞リズム練習2）から成る場合，それぞれに特に強く発音される語があってアクセントも複数になりますが，文末に近いものが文アクセントとなります。

＜もう少し詳しく＞

・「重要な語」とは，名詞，動詞，形容詞，副詞といった内容を持つ語（内容語）です。「重要でない語」とは，冠詞，代名詞，前置詞，接続詞といった文法的な役割を持つ語（機能語）です。

・助動詞文，完了形の文，分離動詞文など動詞が複合的な場合，文末の要素（不定詞，過去分詞，分離前つづり）に文アクセントが置かれます。

・文末に不定詞や過去分詞があっても，内容的に名詞の方が伝達価値が高いと言える場合（不定冠詞つきなど）には，名詞に文アクセントが置かれます。

・疑問詞のある疑問文では，疑問詞ではなく，動詞などの内容語にアクセントが置かれます。

・文アクセントは強いだけでなく，高めにややゆっくり発音します。

自然でなめらかな発音を！

✔ 文には，内容上いくつかの言葉のまとまりがあります（☞リズム練習2）。短い文では，一つの文が一つのまとまりとなります。

✔ 一つのまとまりは，一つの語のように発音します。複数の語にまたがっていても間(ま)を置かず，全体として強弱をつけましょう。

発音してみよう

　大小の○は音節（母音一つを含む音のまとまり）を示しています。黒丸は文アクセントのある音節です。大きい白丸は文中で語アクセントがつく強音節，小さい白丸はアクセントのない弱音節を示します。下線で結ばれた部分はひとまとめに発音しましょう。強弱をつけて机を打ちながら練習すると効果的です。

```
     ○    ○  ○    ●    ○
(1) Ich heiße Thomas.
```
私はトーマスといいます。

```
     ○    ○   ○ ○    ●     ○
(2) Ich wohne in Mannheim.
```
私はマンハイムに住んでいます。

```
     ○    ○       ●
(3) Sie läuft schnell.
```
彼女は走るのが速い。

```
     ○    ○    ○ ○     ●
(4) Die Bäume sind groß.
```
それらの木は大きい。

🔊1-6

(5) Ich studiere Kunst und Musik.

私は美術と音楽を専攻している。

(6) Ich kenne ihn.

私は彼を知っている。

(7) Er kommt mit.

彼も一緒に来る。

(8) Der Bus kommt am Bahnhof an.

バスが駅に着く。

🔊1-7

(9) Hier darf man parken.

ここは駐車してよい。

(10) Wir haben es schon gemacht.

私たちはもうそれをやってしまった。

(11) Die Kinder haben schon zu Mittag gegessen.

子どもたちはもう昼食をとった。

(12) Das ist das Ferienhaus meiner Frau.

これは私の妻の別荘です。

🔊1-8

(13) Er hat ein gebrauchtes Fahrrad gekauft.

彼は中古自転車を一台買った。

(14) Er hat das gebrauchte Fahrrad gekauft.

彼はその中古自転車を買った。

(15) Wo arbeitet ihr?

君たちはどこで働いているの？

(16) Wem gehört das Auto?

その車は誰のですか？

2. イントネーション (1)

❑ **リズムに乗せよう**

> 情報や意思を伝達する通常の発話（平叙文）や命令文，疑問詞のある疑問文では，原則として文末を下げます。

＜もう少し詳しく＞

・文アクセントのある音節で音程を上げ，残りの音節で発話上の声域の底辺（☞次ページ図(1)参照）まで下げます。文アクセントが最後の音節にある場合は音程を上げず，アクセント母音を強く発しながら一気に底辺まで下げます。
・コンマや und で複数の事柄を列挙するときや，aber や oder で前後の事柄を対比する場合は，後に続く事柄があることを示すために先行する語や句の末尾を短く上げるなど高さを保ち，最後に一気に下げます(☞文の発音３)。

自然でなめらかな発音を！

✔ 強音節で音程を上げるときは直前を低くし，強音節ではっきりと音程を上げて残りの音節で一気に下げます。メリハリをつけましょう。
✔ 文末で発話上の声域の底辺までしっかり落とすことが大切です。日本語の感覚で中途半端な高さに終わると，まだ話が終わらないように受け取られてしまう可能性があります。

発音してみよう

次の3層に分かれた図は、言葉を発する際の人の声域を表します（☞リズム練習2）。ーは音節を表します。記号 [´] でマークしてあるのは文アクセントのある音節です。高さの変化を指でなぞりながら発音してみましょう。

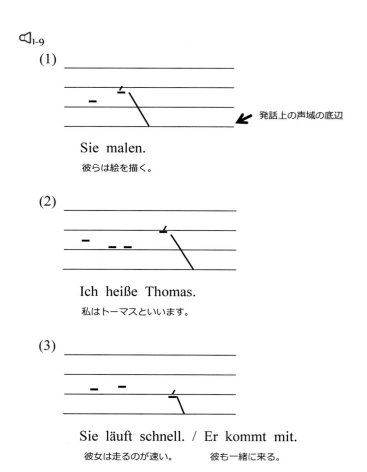

(4)

Ich studiere Kunst und Musik.
私は美術と音楽を専攻している。

🔊 I-10
(5)

Der Bus kommt am Bahnhof an.
バスが駅に着く。

(6)

Hier darf man parken.
ここは駐車してよい。

(7)

Wir haben es schon gemacht.
私たちはもうそれをやってしまった。

(8)

Die Kinder haben schon zu Mittag gegessen.
子どもたちはもう昼食をとった。

🔊 1-11
(9)

Das ist das Ferienhaus meiner Frau.
これは私の妻の別荘です。

(10)

Er hat ein gebrauchtes Fahrrad gekauft.
彼は中古自転車を一台買った。

(11)

Er hat das gebrauchte Fahrrad gekauft.
彼はその中古自転車を買った。

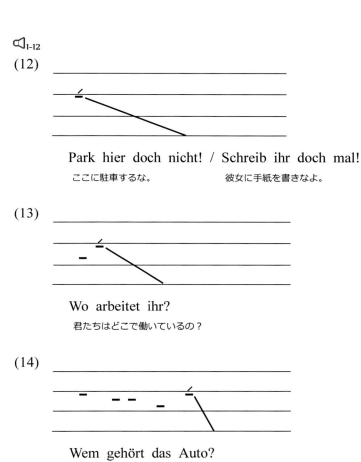

(12) Park hier doch nicht! / Schreib ihr doch mal!
ここに駐車するな。　　　彼女に手紙を書きなよ。

(13) Wo arbeitet ihr?
君たちはどこで働いているの？

(14) Wem gehört das Auto?
その車は誰のですか？

3. イントネーション (2)

❏ リズムに乗せよう

> ja/nein の答えを求める疑問文や „Und du?", „Wie bitte?" など簡略的な問いかけでは, 文末を上げます。

＜もう少し詳しく＞

・最後の強音節を発した後, 音程を上昇させます。文アクセントが最後の音節にある場合には, アクセント母音を強く発しながら一気に上げます。
・疑問詞のある疑問文でも, 客や小さい子どもに対する問いかけなどでは, 丁寧さや親しみを表して文末を上げることもあります。
・ja/nein で答える場合は高く始め, ja/nein を言い切るときにいったん通常の高さに落としてから後ろの文を続けます。ja/nein にもアクセントを置きます。
・通常コンマで区切られた従属文や関係文, zu 不定詞句などを伴う文では, 先行する文の高さを保つか末尾を短く上げます。

自然でなめらかな発音を！

✔ 相手との距離を縮める働きもあるイントネーションです。疑問詞のある疑問文でも, 親しみを込めて言うときや丁寧に問いかけたいときは上昇調にしましょう。
✔ 文末のアクセント母音でいったん低く下げてから一気に上げると, メリハリがついてイントネーションが明瞭になります。

発音してみよう

🔊 1-13

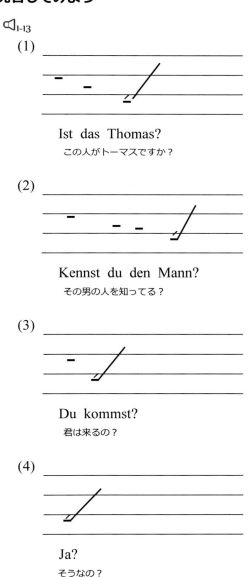

(1) Ist das Thomas?
この人がトーマスですか？

(2) Kennst du den Mann?
その男の人を知ってる？

(3) Du kommst?
君は来るの？

(4) Ja?
そうなの？

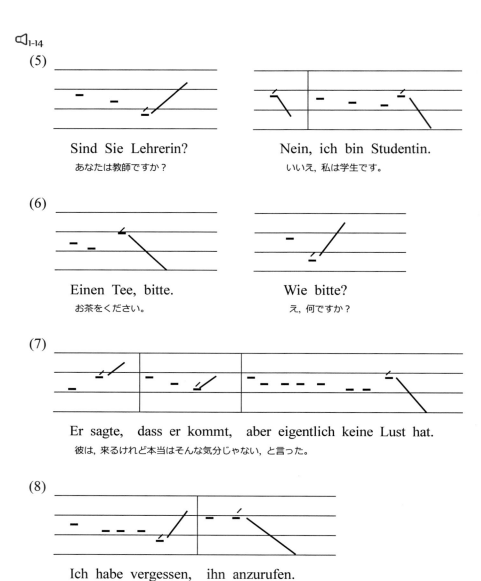

チャレンジ！

1. [ ] 内の場面にふさわしいイントネーションで発音しましょう。
🔊1-15

(1) Wie heißt du?　　　　　　　　[迷子になっている子どもに対して]
　　お名前は？

(2) Guten Morgen!　　　　　　　　[朝のあいさつ]
　　おはよう。

(3) Und Ihnen?　　　　　　　　　　[調子はどうか, 相手に尋ね返すとき]
　　で, あなたの方は？

(4) Welche Größe haben Sie?　　　[店員が客にサイズを尋ねるとき]
　　サイズはいくつですか？

(5) Was machen Sie da?　　　　　　[不審者に対して]
　　そこで何をしているんですか。

(6) Und?　　　　　　　　　　　　　[相手に話の続きを促すとき]
　　それで？

2. 文末が上がっているか（↗）下がっているか（↘），聞き取って矢印を
　 書きましょう。　（☞答え p.182）
🔊1-16

(1) Wo arbeitet ihr? (　　　)

(2) Du kommst? (　　　)

(3) Park hier doch nicht! (　　　)

(4) Sind Sie Lehrerin? (　　　) －Nein, ich bin Studentin. (　　　)

(5) Einen Tee, bitte. (　　　) －Wie bitte? (　　　)

(6) Ich habe vergessen, (　　　) ihn anzurufen. (　　　)

29

4. アクセント (2)

❏ リズムに乗せよう

> 対比的に話したり, これまでの発言や評価, また一般の認識に反することを言ったりして発話の中で特定の情報を強調する場合には, その情報を担う語に文アクセント (対照アクセント) を置きます。

＜もう少し詳しく＞

・ドイツ語では, 新しい情報, 重要な情報は文末に来ます。従って文アクセントは通常文末に置かれますが, 対照アクセントとして他の語に文アクセントがつくこともあります。
・中立的な発話では, 冠詞, 代名詞, 前置詞, 接続詞, 助動詞などには原則として文アクセントがつきませんが, 対照アクセントとしてならばいずれの要素にもつけることができます。
・対照アクセントのある箇所は, 通常の高さよりやや高めに発音します。もともと文アクセントを担う語に対照アクセントを置く場合には, 特に高さを上げて強調します。
・驚きや怒り, 悲嘆などの感情を表して語にアクセントがつくこともあります。感情が高ぶるとアクセント母音は強さ, 高さに加えてやや長めに発音されます。

自然でなめらかな発音を！

✔ 対照アクセントの意図なく, 通常は文アクセントがつかないところにアクセントを置いてしまった場合, 何らかの対比や強調が込められていると聞き手に解釈されてしまうおそれがあります。文アクセントの位置には十分注意しましょう。
✔ 喜怒哀楽など気持ちに合った高さや低さで語を際立たせ, 感情を込めて発音しましょう。

発音してみよう

太字の語にアクセントを置いて発音しましょう。

🔊1-17

(1) Habt ihr am Montag Deutschunterricht?
君たちのドイツ語の授業は月曜日にあるの？

－Nein, am **Dienstag** haben wir Deutschunterricht.
ちがう，**火曜日**だよ，ドイツ語の授業は。

(2) Wo ist die Zeitung? Sie liegt nicht auf dem Tisch.
新聞はどこ？ 机の上にないよ。

－Die Zeitung liegt **unter** dem Tisch.
新聞は机の**下に**あるよ。

(3) Fährt Paul mit dem ICE nach Berlin?
パウルは ICE でベルリンへ行くの？

－Nein, er **fliegt** nach Berlin.
いや，彼はベルリンへ**飛行機で行く**んだ。

(4) Wer kocht heute?
今日はだれが料理するの？

－**Du** kochst heute!
今日は**君**だよ！

31

🔊 1-18

(5) Wie viel hat er getrunken?

   彼はどのくらい飲んだの？

   —Er hat **ein** Glas Whisky getrunken.

   ウイスキーを一杯飲んだ**だけ**だよ。

(6) Der Schlüssel passt nicht zum Schloss des Autos.

   この鍵，車に合わないよ。

   —Das ist kein Autoschlüssel, sondern der Schlüssel zur **Haustür**.

   それは車の鍵じゃなくて，**玄関**の鍵だよ。

(7) Weißt du, dass das Flugzeug nach Kairo in die Wüste abgestürzt ist?

   カイロ行きの飛行機が砂漠に墜落したのを知ってる？

   —Ja, unglaublich. Ich wollte mit **dem** Flugzeug fliegen. Es war schon ausgebucht.

   うん。信じられないよ。私は**その**飛行機に乗ろうとしていたんだ。もう席が取れなかったんだけどね。

(8) Sagst du, er hat im Lotto gewonnen?

   彼がくじに当たったって言うの？

   —Nicht **ich** habe, **man** hat das gesagt.

   私じゃなく**人が**そう言っているんだよ。

32

🔊1-19

(9) Weißt du das wirklich nicht mehr?

本当にあのこと覚えていないの？

－Entschuldigung, ich weiß wirklich **nichts** mehr.

ごめん，本当に**何も**覚えていないんだ。

(10) Oma hat nächste Woche ihren 90. Geburtstag.
Wir feiern in einem Weinlokal.

おばあちゃんは来週 90 歳の誕生日なの。ワイン酒場でお祝いするんだ。

－Schön. Deine Oma ist gesund und **sehr** glücklich.

いいね。君のおばあさんは健康だし**とても**幸せだね。

(11) Ich komme dann morgen gegen 11 Uhr.

それでは明日 11 時頃に参ります。

－Kommen Sie bitte **genau** um 11 Uhr.

きっかり 11 時に来てください。

(12) Meine Eltern können nicht kommen.

うちの両親は来られないんだ。

－Wie **schade**!

残念だなあ。

33

チャレンジ！

1. 下線部に感情を込めて言いましょう。

🔊1-20

(1) Der Hund ist so <u>groß</u>!　Er sieht wie ein <u>Pferd</u> aus.
その犬本当に大きいね！　まるで馬みたい。

(2) Ganz wie du <u>willst</u>!　Mir macht das <u>nichts</u> aus.
お好きなように！　私はまったくかまわないから。

(3) Schalte die Heizung aus!　Hier ist es zu <u>warm</u>.
暖房を切ってよ！　ここは暖かすぎる。

(4) Meine Schwester hat <u>super</u> Noten in der Schule.
妹は学校ですっごく成績がいいんだ。

(5) Kommst du auch mit?　— Aber <u>sicher</u>!
君も一緒に来る？　　　　　当たり前だよ！

2. 最も強く，また高めに発音されているところにチェック (✓) を入れましょう。

(☞答え p.182)

🔊1-21

(1)　　(　)(　)(　)(　)
Hier darf man parken.

(2)　　　(　)　(　)　(　)　(　)
Er hat ein gebrauchtes Fahrrad gekauft.

(3)　　　　　　　　　　　(　)(　)(　)　(　)
Fährt Paul mit dem ICE nach Berlin?　—Nein, er fliegt nach Berlin.

(4)　　　　　　　(　)　(　)　　　(　)
Ich komme dann morgen gegen 11 Uhr.—Kommen Sie bitte genau
　　(　)
um 11 Uhr.

5. 音の変化

❏ リズムに乗せよう

日常的な話し言葉では，発話の中で特定の音が弱くなったり，脱落したり，前後の音と似た音になったりと，さまざまな音の変化が見られます。Ich habe es → Ich hab's のようにもっぱらくだけた口語で起こる現象のほか，語末の -el, -em, -en における e[ə]の脱落のように，すでに一般化してスタンダードとなっているものもあります。

＜もう少し詳しく＞

・動詞の変化語尾中の e などアクセントのない母音 e[ə]，および文中の es の e[ɛ] は
 しばしば省略され，脱落する傾向にあります。
・e[ə] の脱落に伴って，残った他の音にもさらに変化が起こります。-el, -em, -en で e
 が脱落すると，その分後ろの子音 [l] [m] [n] が長めに発音されます ([̩]で表します)：
 finden [fíndən] → [fíndn̩]。
・動詞の語幹が [b] [d] [g] [z] の音で終わる場合，語尾の e の脱落によって無声音 [p]
 [t] [k] [s]に変化します：habe [háːbə] → hab [haːp]。
・子音が連続するとき，隣接する音と似た音に変化します：
 前の無声音の影響で後ろの有声音が無声化します ([̥]で表します)：seit gestern [zaɪt
 ɡéstɐn] → [zaɪt ɡ̊éstɐn]。また前や後ろの音の影響で，その音と同じ調音位置で作られる
 音に変化します。例えば歯茎で調音する[n]は，両唇で調音する音[p]や[b]に隣接すると，
 その影響で両唇音[m]に変化します：in Berlin [in bɛʁlíːn] → [im bɛʁlíːn]。

自然でなめらかな発音を！

✔ 母音 e[ə]は，脱落してなくなっても，残った他の音に通常何らかの変化を引き
 起こします。弱音節部の発音にかける時間を調節し，強弱のリズムを作り出す上
 でも重要な音です。

✔ 日常的な会話では，このような音の変化を伴う方が自然です。多くは通常の発話
 速度で話せば自然に起こる現象で，特に意識して発音する必要はありません。
 自然なスピードで話せるよう，文(章)単位の発音練習をしましょう。

発音してみよう

　発音記号は、「単音・音節の発音」の各章と本章の＜もう少し詳しく＞を参照してください。また記号が読めなくても気にせず，付属のネイティブ・スピーカーの音声をまねて練習しましょう。

🔊1-22

(1) Wie finden Sie das neue Auto?
　　　　　[fíndn̩]　　　　　　　　　　　　　　　※語末の en の e[ə] が省略される。

　　　その新車をどう思いますか。

(2) Trinken Sie gern Bier?
　　　　　[tʁíŋkn̩]　　　　　　　　　　　　　　　※e が落ち，語末の n が直前の k[k]
　　　　　　　　　　　　　　　　　　　　　　　　の影響で [ŋ] となる。

　　　ビールは好きですか？

(3) Wir pflanzen hier ein paar Tulpen.
　　　　　[pflántsn̩]　　　　　[aɪmpá:ɐ]　　　　※ein の n が直後の p[p] の影響で
　　　　　　　　　　　　　　　　　　　　　　　　[m] となる。

　　　私たちはここにチューリップをいくつか植えます。

(4) Sie wird bald zurückkommen.
　　　　　[baltsuʁýkɔmm̩]　　　　　　　　　　　※似た音の連続 (bald の d[t] と直後の
　　　　　　　　　　　　　　　　　　　　　　　　z[ts])で，後ろの音 [ts] のみ現れる。

　　　彼女はまもなく戻ってくるだろう。

36

🔊I-23

(5) Kommst du aus Deutschland?

[kɔ́msd̥u　　au̯sd̥ɔ́ɪtʃlant]　　※似た音の連続 (-st の t[t] と du の d[d]) で, 後ろの [d] のみ
現れる。[d] は直前の無声音 s[s] の影響で無声化する。

ドイツから来たの？

(6) Sie läuft schnell.

[lɔɪft̚ ʃnέl]　　　　　　　　※läuft の t[t]で舌先を上の歯茎から離さず,
すぐに [ʃ] の調音に移る ([t̚])。

彼女は走るのが速い。

(7) Ich habe Hunger.

[háːp]　　　　　　　　　※語尾の e の脱落により, 語末の b が無声音 [p] になる。
※書き言葉では hab' のように表記される。口語的。

お腹が空いた。

(8) Wie geht's?

[géːts]　　　　　　　　　※es の e[ɛ] の脱落により, 連続する子音 [t] と
[s] が融合して [ts] となる。口語的。

元気？

チャレンジ！

音変化によって変わる強弱のリズムにも注意して発音しましょう。

🔊I-24

```
        ○    ○    ○    ●
(1) Hier  darf  man  parken.
                    [mampáʁkŋ̩]
```
※e が落ち, 語末の n が直前の k[k]
の影響で [ŋ] となる。

ここは駐車してよい。

```
      ○   ○              ○    ○  ●
(2) Wir  haben  es  schon  gemacht.
    [viːɐ    haːbm̩ʃóːn]
```
※en の e が落ち, 語末の n が直前の b[b] の影響で
[m̩] となる。es の e[ɛ] が落ち, 似た音の連続 (es
の s[s] と sch[ʃ]) で後ろの音 [ʃ] のみ現れる。

私たちはもうそれをやってしまった。

```
    ○   ○   ○   ○        ○   ○  ●  ○   ○ ○
(3) Die  Kinder  haben  schon  zu  Mittag  gegessen.
                                [mítaːɡəɡɛsn̩]
```
※ge- の g[g] が直前の無声音
g[k] の影響で無声化する。

子どもたちはもう昼食をとった。

```
    ○    ○○   ○   ●  ○
(4) Wem  gehört  das  Auto?
        [ɡəhǿːɐdas]
```
※das の d[d] が直前の無声音 t[t]
の影響で無声化する。

その車は誰のですか？

38

🔊1-25

○　○　○ ○　　　●
(5) Die Bäume sind groß.

[zɪntˢ gʁóːs]

※sindのd[t]で舌先を上の歯茎から離さず, すぐに
[g]([t]の影響で無声化)の調音に移る([t̚])。

それらの木は大きい。

○　○　○　○　○　　　○　○　○　●
(6) Er hat das gebrauchte Fahrrad gekauft.

[haɖas　gəbʁáʊxtˢ　fáːʁʁaːt　gəkáʊft]

※gebrauchte(語尾は脱落)のt[t]
で舌先を離さず, [f]の調音に移る。

彼はその中古自転車を買った。

○　　○　　●　○
(7) Ich heiße Thomas.

[háɪs]

※heißeの語尾eの脱落。書き言葉では
heiß'のように表記される。口語的。

私はトーマスといいます。

○　　○　　○　　●
(8) Hast du heute Zeit?

[hásɖu　hóɪt]

※heuteの語尾eの脱落。書き言葉では
heut'のように表記される。口語的。

今日時間ある？

総合練習 1

アクセントとイントネーションを意識して発音しましょう。

(☞答え p.182-183)

🔊1-26

1. A: Wohin gehst du?

   B: Ich gehe zum Bahnhof.

2. A: Ich lerne Englisch. Und du? Lernst du Englisch?

   B: Ja, ich lerne Englisch, und auch Chinesisch.

3. A: Die Studenten geben am Sonntag ein Konzert.

   B: Wo findet es statt?

   A: Es findet in der Halle statt.

4. A: Mit wem gehst du ins Konzert?

   B: Mit Peter.

5. A: Du siehst blass aus. Bleibst du lieber zu Hause?

   B: Nein, ich gehe auch mit.

総合練習 2

　まったく同じ文がアクセントによって異なる意味合いを持つことがあります。最も強く，また高めに発音されているところにチェック (✓) を入れてください。さらにそのアクセントの意味を考えて，続く言葉を a~d から選びましょう。

(☞答え p.183)

🔊1-27

　　（　　）（　　）　　（　　）　　　　　（　　）
1.　Anna ist die Freundin von Thomas.　　　　[　　]

　　（　　）（　　）　　（　　）　　　　　（　　）
2.　Anna ist die Freundin von Thomas.　　　　[　　]

　　（　　）（　　）　　（　　）　　　　　（　　）
3.　Anna ist die Freundin von Thomas.　　　　[　　]

　　（　　）（　　）　　（　　）　　　　　（　　）
4.　Anna ist die Freundin von Thomas.　　　　[　　]

a.　Das ist tatsächlich so.

b.　Nicht von Max.

c.　Nicht Susanne.

d.　Nicht die Schwester.

41

総合練習 3

次の会話中の文は，それぞれどのようなイントネーションで発話するのが自然でしょうか。上昇調 (↗) か下降調 (↘) か平ら調 (→ : 発話途中, ためらいなどを表して) か, 印をつけて音読してみましょう。　(☞答え p.184)

◁))1-28

In der Bäckerei

Verkäuferin: Guten Morgen! (↘) Bitte schön! (　　)

Kundin:　　　Guten Morgen. (　　) Ich hätte gern ein Roggenbrot, (　　)
ein Früchtebrot, (　　) zwei Zöpfe (　　) und drei
Brötchen… (　　) äh… (　　) nein, vier bitte. (　　)

Verkäuferin: Noch etwas? (　　)

Kundin:　　　Oh, Zwiebelkuchen, lecker! (　　) Zweimal, bitte. (　　)
Das war's. (　　)

Verkäuferin: Achtzehn Euro zwanzig. (　　)

Kundin:　　　So bitte. (　　)

Verkäuferin: Danke schön. (　　) Achtzig Cent zurück. (　　)
Eine Tüte? (　　)

Kundin:　　　Ja, bitte. (　　)

Verkäuferin: So, bitte. (　　) Schönen Tag noch! (　　)

Kundin:　　　Ihnen auch, danke schön. (　　) Auf Wiedersehen! (　　)

42

単音・音節の発音　　　　　　　　　　　　　　[i:] [ø:]

本章の構成と使い方

　ここではドイツ語の音を一つ一つ学んでいきます。各音の導入・練習では，未習の音が混じることはありません(補足的解説・注を除く)。練習は学習者の注意が自然に音とつづりの対応関係に向くよう構成されていますので，発音の練習をしながらドイツ語の語彙のつづりの特徴をつかみ，読める語を増やしていくことができます。

❑ **音を知ろう**

　音の導入部です。まず鏡を用意しましょう。そして音の出し方の説明をよく読んでください。鏡で自分の口の形や舌の位置を確認しながら，発音してみましょう。口腔断面図(☞ 発音のしくみ1 (2))も参考にしてください。

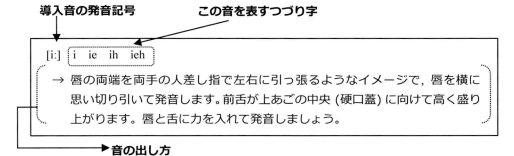

母音は表情豊かに！と**子音ははっきり，たっぷり！**で，発音をよりよくするためのヒントを挙げています。練習の際に意識してコツをつかんでください。

🪞 鏡を見ながら大きな声で！

　各課の導入音を出す練習です。初めのうちは少しオーバーなくらい思い切り口を動かしましょう。なお子音では，目的の子音の音を発音しやすくするため，前後に母音[a] [aː]の音をつけて練習します。

　　例 (子音 [p] の発音練習)：　[paː]　[a]　[paː]

つづり字を見て発音してみよう

　無意味のつづり字(意味をなさない音の連続を表す文字列)を見て目的の音を出す練習をします。これらのつづり字は，現実の語の一部になっています。

導入音を含むつづり字		語例
例： ung [ʊŋ]	→	Übung (練習), Wohnung (住まい)
flei [flaɪ]	→	Fleisch (肉), fleißig (勤勉な)

💡 発音のポイント

　ドイツ語を発音する際の基本的なルールや正しい発音を身につけるためのヒントがまとめてあります。

チャレンジ！

　ドイツ語の語彙を用いた発音練習です。音声表記を見ながら正しい音が出せるように練習しましょう。星印の数は音節の数を表します。★は強音節，☆は弱音節を表します。2音節以上の語※では，強音節の母音にアクセントを置いて強弱のメリハリをつけましょう。視覚的に捉えやすくするために強母音を太字にしています。

※1音節語は★で表し母音もマークしてありますが，相対的な強弱をつけることはできません。

　リスニング練習もあります。聞き取りの力試しに利用してください。

💬 会話

　会話はすべて平易で日常的な内容のものです。学習の合間に付属の音声を聞いて，ドイツ語の音やリズムに慣れてください。巻末に和訳があります。

クイズ

　ここまで学習した発音，音とつづり字の関係についての知識を定着させ，同時にドイツ語の語彙を増やします。気軽に楽しんで取り組んでください。

総合練習

　章のまとめの練習です。発音練習とリスニング練習があります。

1. 母音 (1)

❏ 音を知ろう

[i:]　i　ie　ih　ieh
→ 唇の両端を両手の人差し指で左右に引っ張るようなイメージで，唇を横に思い切り引いて発音します。前舌が上あごの中央 (硬口蓋) に向けて高く盛り上がります。唇と舌に力を入れて発音しましょう。

[e:]　e　ee　eh
→ 日本語の「エー」よりも「イー」に近いくらい，唇を横に引いて発音します。[i:] の口の形で「エー」と言う感じです。唇と舌に力を入れて発音しましょう。

[y:]　ü　üh　y
→ [i:] と言いながら (同じ舌の位置で) 唇を丸めて突き出した形にして発音します。下唇をやや上に向ける意識を持って発音すると，舌が自然と [i:] の位置に近づきます。唇と舌に力を入れて発音しましょう。

[ø:]　ö　öh
→ [e:] と言いながら (同じ舌の位置で) 唇を丸くすぼめて発音します。唇は日本語の「オ」のときよりもしっかり丸めます。唇と舌に力を入れて発音しましょう。

母音は表情豊かに！

✔ 発音するときに，唇や舌の筋肉を緊張させます。
✔ [i:] [e:] では口角を上げ，口の横幅を広くして，明るい笑顔を作るように発音しましょう。
✔ [y:] では唇を丸めて突き出し，不満顔，甘えた表情を作るように発音しましょう。
✔ [ø:] では唇を丸くすぼめ，驚いた顔，感心した表情を作るように発音しましょう。

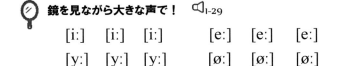

つづり字を見て発音してみよう

🔊1-30

(1) [i:] i ih ie

[e:] e eh ee

[y:] ü üh y

[ø:] ö öh ö

🔊1-31

(2) i [i:]　　eh [e:]　　ih [i:]　　ee [e:]

ih [i:]　　üh [y:]　　ih [i:]

e [e:]　　öh [ø:]　　eh [e:]

ü [y:]　　öh [ø:]　　ö [ø:]　　üh [y:]

2. 母音 (2)

❏ **音を知ろう**

> [ɛː]　ä　äh
> → 日本語の「エー」に近い音ですが、もっと(2本重ねた指が軽く入るくらい)口を開けて発音します。
> [aː]　a　aa　ah
> → 日本語の「アー」とほぼ同じ音ですが、口を縦に大きく開けて発音します。
> [ɛ]　ä　e
> → [ɛː]の短母音です。日本語の「エ」に近い音ですが、もっと(2本重ねた指が軽く入るくらい)口を開けて発音します。
> [a]　a
> → [aː]の短母音です。日本語の「ア」とほぼ同じ音ですが、口を縦に大きく開けて発音します。

母音は表情豊かに！

✔ [ɛː] [ɛ]では口の縦幅も横幅も広めに、びっくりした顔、あっけにとられた表情を作るように発音しましょう。
✔ [aː] [a]では口を縦に思い切り開いてはっきり発音しましょう。

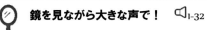
鏡を見ながら大きな声で！　🔊1-32

[ɛː]　[ɛː]　[ɛː]　　[aː]　[aː]　[aː]
[ɛ]　[ɛ]　[ɛ]　　[a]　[a]　[a]

つづり字を見て発音してみよう

🔊I-33

(1) [ɛː]　　**ä**　　**äh**　　**ä**

　　[aː]　　**a**　　**ah**　　**aa**

　　[ɛ]　　**e**　　**ä**　　**e**

　　[a]　　**a**　　**a**　　**a**

🔊I-34

(2)　**i** [iː]　　　**eh** [eː]　　　**ä** [ɛː]　　　**aa** [aː]

　　a [aː]　　　**äh** [ɛː]　　　**ee** [eː]　　　**ie** [iː]

　　ä [ɛ]　　　**ä** [ɛ]　　　**äh** [ɛː]

　　a [a]　　　**a** [a]　　　**ah** [aː]

クイズ1　次の母音を表すつづり字はどれ？　(☞答え p.185)

　次の発音記号の母音を表すつづり字を下の文字群から選びましょう。一つのつづり字が複数の音に使われることもあります。

[aː]　_____　_____　_____

[ɛ]　_____　_____

[iː]　_____　_____　_____

[yː]　_____　_____　_____

[ɛː]　_____　_____

[a]　_____

[eː]　_____　_____　_____

[øː]　_____　_____

ie	a	ah	ü
äh	e	öh	ee
e	üh	a	ä
eh	i	ä	ih
	y	aa	ö

3. 子音 (1)

❏ 音を知ろう

[m]　m　mm
→ 日本語のマ行の子音と同じ音です。唇をしっかり閉じ，ハミングの要領で鼻から声を出します。語末の [m] も，唇をしっかり閉じて発音しましょう。

[n]　n　nn
→ 日本語の「ナ・ヌ・ネ・ノ」の子音と同じ音です。舌先を上の歯茎につけて鼻から声を出します。語末の[n]も，舌先をしっかり歯茎につけて発音しましょう。日本語の語末の「ン」とは違います。後に母音 [i:] [ɪ] が続くときも，舌の位置に注意して日本語の「ニ」にならないように気をつけましょう（☞ p.85）。

[ŋ]　ng　n(k)
→ つづり字 ng で [ŋ] の音を表します。前舌の上に指先を置いて [n] の音を出そうとすると，口の奥で舌が盛り上がって [ŋ] が出ます。
※ k の前の n も [n] ではなく [ŋ] の音になります。この場合は nk[ŋk]（☞子音(3)）と発音します。ng も Mango のような外来語では，[ŋg] と発音します。

子音ははっきり，たっぷり！

✔ 口と鼻の緊張を高め，子音だけで十分に時間をかけて発音します。
✔ それぞれ両唇（[m]），歯茎（[n]），口の奥（軟口蓋）（[ŋ]）でしっかり閉じ，鼻から声をたっぷり響かせましょう。

 鏡を見ながら大きな声で！　📢1-35

[ma:]　[a]　[ma:]　[ma:]　[a]　[ma:]
[na:]　[a]　[na:]　[na:]　[a]　[na:]
[ŋa:]　[a]　[ŋa:]　[ŋa:]　[a]　[ŋa:]

つづり字を見て発音してみよう

🔊I-36

(1) [me:]   **mee**   **meh**   **mee**

 [nɛ:]   **näh**   **nä**   **näh**

 [ni:]   **nie**   **nie**   **nie**

 [aŋ]   **ang**   **ang**   **ang**

🔊I-37

(2) **emma** [έma]   **anna** [ána]

 an [an]   **am** [am]   **ahn** [aːn]

 ihm [iːm]   **ihn** [iːn]   **nahm** [naːm]

 eng [ɛŋ]   **ang** [aŋ]   **äng** [ɛŋ]

4. 母音（3）

❏ 音を知ろう

[ə]　e
→ e が表すあいまい母音の音です。語末の -e, -en の e, 接頭辞の be-, ge- の e の音です。唇や舌に力を入れず，口を半開きにして弱く短く「エ」と言います。アクセントが置かれることはありません。

※ 語末の -el, -em, -en では e [ə] の音が省略される傾向にあります。本書では専門的な表記（☞文の発音5）を避け，一般に [ə] が落ちる語では (ə) で示します。

※ ehe [éːə], nähen [nɛ́ːən] などは2音節語です。h の後ろの母音 e [ə]は音節を形成します。この場合，h は音節の境界を示すのみで無音です。前の母音の後，一瞬喉で息を止めるようにして [ə] を発音します。音節の境界前後の母音がつながって「エー」「ネーン」のようにならないように気をつけましょう（☞発音のしくみ2 (4)）。

[ɐ]　r　er
→ r が表す母音の音です。語末・音節末の r の音です。語末の -er, -ern などでは，er の2文字で [ɐ] の音を表します。[ə] のときよりもやや口を開けて，弱く「ァ」と言います。

※ 音節が er で終わっても，er の他に母音のない語や接頭辞 er-, ver-, zer-では，er の r のみが [ɐ] の音を表します。例えば der の発音は [deːɐ] で，[dɐ] ではありません。

※ eher [éːɐ], näher [nɛ́ːɐ] などは2音節語です。h の後ろの母音 er [ɐ] は音節を形成します。この場合，h は音節の境界を示すのみで無音です。このように語末の er の他に母音がある場合，er [ɐ] は長めに発音します。

音節の頭になる場合(lehren)を除いて，r は語中でも長母音の後で [ɐ] と発音します(lehrst)。日常の発音では，短母音の後でもしばしば [ɐ] の音になります。

母音は表情豊かに！

✔ 口を縦にも横にも大きく開けないようにします。
✔ 強弱のリズムを作る上で大切な音です。意識して控えめに発音しましょう。

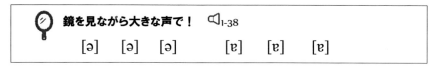

つづり字を見て発音してみよう

🔊I-39

(1) [ámə]　**amme**　**amme**

　　　amme

　　[éːə]　**ehe**　　**ehe**　　**ehe**

　　[áːnən]　**ahnen**　**ahnen**　**ahnen**

🔊I-40

(2) [ménɐ]　**männer**　**männer**

　　[iːɐ]　**ihr**　　**ihr**　　**ihr**

　　[éːɐ]　**eher**　　**eher**　　**eher**

🔊I-41

(3) **nah** [naː]　　**nahe** [náːə]　　**nahen** [náːən]

　　nähe [néːə]　　**näher** [néːɐ]　　**nähern** [néːɐn]

 発音のポイント ①

> ＜決まりとコツ＞
> 1. 母音が複数あるとき，最初の母音にアクセントを置きます（＝強く発音します）。　※語の由来や構成により例外もあります。
> 2. アクセントのある母音に続く子音が一つ以下のときは，その母音を長く発音します。続く子音が二つ以上のときは，母音を短く発音します。　※前置詞，代名詞などでは，続く子音が一つでも母音を短く発音するものもあります（in, man）。
> 3. 同じ子音字が続くときは一つの子音として発音しますが，前の母音は短く発音します。
> 4. 語が母音で始まる場合，一瞬喉で息を止めてから出だしの母音を発すると（軽く「ッア」と言う感じ），ドイツ語らしい発音になります（☞発音のしくみ２(4)）。

📎 ドイツ語では，名詞の頭文字を大文字書きします。

チャレンジ！

1. ドイツ語の単語を発音してみましょう。

🔊 I-42

1音節　★

ihm [iːm]　　**nah**m [naːm]　　**Mann** [man]　　**eng** [ɛŋ]

er [eːɐ̯]　　**Meer** [meːɐ̯]　　**mehr** [meːɐ̯]　　**mir** [miːɐ̯]

2音節　★☆

Name [náːmə]　　**Nähe** [nɛ́ːə]　　**Mühe** [mýːə]　　**Menge** [mɛ́ŋə]

eher [éːɐ̯]　　**Männer** [mɛ́nɐ̯]　　**ih**nen [íːnən]

nehmen [néːmən]　　**nä**hen [nɛ́ːən]　　**nennen** [nɛ́nən]

2. 発音された音の順に並んでいるのはどれですか。　(☞答え p.185)

🔊I-43

(1)　ih　　ee　　eh　　i　　　　　(　)

　　　eh　　ih　　ee　　i　　　　　(　)

　　　i　　　eh　　ih　　ee　　　　(　)

(2)　a　　　äh　　ee　　ie　　　　(　)

　　　äh　　ee　　a　　　ie　　　　(　)

　　　a　　　ie　　ee　　äh　　　　(　)

(3)　an　　ahn　　am　　　　　　　(　)

　　　am　　an　　　ahn　　　　　　(　)

　　　an　　am　　　ahn　　　　　　(　)

(4)　näher　　nähe　　　nähern　　(　)

　　　nähe　　näher　　nähern　　(　)

　　　nähe　　nähern　　näher　　(　)

55

💬 会話 〜お茶ください〜　(☞和訳 p.186)

会話の状況を思い浮かべ，登場人物になったつもりで音読しましょう。

🔊 I-44

A: Bitte.

B: Tee, bitte.

A: Bitte?

B: TEE, bitte!

A: Ah, o.k.

....

A: So... bitte.

B: Danke!

A: Bitte!

5. 母音 (4)

❏ 音を知ろう

[u:]　u　uh
→ 口笛を吹くように唇を丸めて突き出し，日本語の「ウ」のときよりも唇に力を入れて発音します。このとき舌を強く奥に引きます。上唇をやや下に向ける意識を持って発音すると，舌が自然と奥に引かれます。

[o:]　o　oo　oh
→ 日本語の「オー」に近い音ですが，もっと唇を丸めて発音します。[u:] のときよりも口の中の空間が広くなります。強めにはっきり発音しましょう。

母音は表情豊かに！

✔ 発音するときに，唇や舌の筋肉を緊張させます。
✔ [u:]では唇を丸めて突き出し，不満顔，甘えた表情を作るように発音しましょう。
✔ [o:]では唇を丸くすぼめ，驚いた顔，感心した表情を作るように発音しましょう。

鏡を見ながら大きな声で！　🔊I-45

　　　[u:]　[u:]　[u:]　　[o:]　[o:]　[o:]

つづり字を見て発音してみよう

🔊 I-46

(1)　[uː]　　**u**　　**uh**　　**u**

　　　[oː]　　**o**　　**oh**　　**oo**

🔊 I-47

(2)　**u** [uː]　　　　**oh** [oː]　　　　**uh** [uː]

　　o [oː]　　　　**uh** [uː]　　　　**oo** [oː]

　　muh [muː]　　**moh** [moː]　　**muh** [muː]

🔊 I-48

(3)　**nun** [nuːn]　　**mohn** [moːn]

　　uhr [uːɐ]　　　**ohr** [oːɐ]

6. 母音 (5)

❑ 音を知ろう

[ɪ]　i
→ [iː]のときよりも唇や舌の張りをゆるめ，口の開きをほんの少し (指の先が軽く入るくらい) 大きくして短く発音します。

[ʊ]　u
→ [uː]のときよりも唇や舌の張りをゆるめ，唇の突き出し加減をやや弱くして短く発音します。上唇をやや下に向ける意識を持って発音しましょう。

[ʏ]　ü　y
→ [yː]のときよりも唇や舌の張りをゆるめ，唇の突き出し加減をやや弱くして短く発音します。下唇をやや上に向ける意識を持って発音しましょう。

[ɔ]　o
→ [oː]のときよりも唇や舌の張りをゆるめ，唇のすぼめ加減をやや弱くして短く発音します。

[œ]　ö
→ [øː]のときよりも唇や舌の張りをゆるめ，唇のすぼめ加減をやや弱くして短く発音します。

母音は表情豊かに！

✔ [ɪ]では口角を上げ，口の横幅を広くして，明るい笑顔を作るように発音しましょう。
✔ [ʊ] [ʏ]では唇を丸めて突き出し，不満顔，甘えた表情を作るように発音しましょう。
✔ [ɔ] [œ]では唇を丸くすぼめ，驚いた顔，感心した表情を作るように発音しましょう。

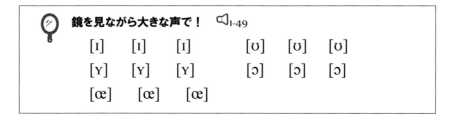

つづり字を見て発音してみよう

🔊 1-50

(1)　[ɪ]　　i　　i　　i

　　　[ʊ]　　u　　u　　u

　　　[ʏ]　　ü　　y　　ü

　　　[ɔ]　　o　　o　　o

　　　[œ]　　ö　　ö　　ö

🔊 1-51

(2)　i [ɪ]　　　ü [ʏ]　　　i [ɪ]　　　y [ʏ]

　　　e [ɛ]　　　ö [œ]　　　e [ɛ]　　　ö [œ]

🔊 1-52

(3) **i** [ɪ] **i** [ɪ] **ih** [iː]

u [ʊ] **u** [ʊ] **uh** [uː]

ü [ʏ] **y** [ʏ] **üh** [yː]

o [ɔ] **o** [ɔ] **oh** [oː]

ö [œ] **ö** [œ] **öh** [øː]

🔊 1-53

(4) **um** [ʊm] **um** [ʊm] **um** [ʊm]

un [ʊn] **un** [ʊn] **un** [ʊn]

ung [ʊŋ] **ung** [ʊŋ] **ung** [ʊŋ]

7. 母音（6）

❏ 音を知ろう

[aɪ]　ai　ei　　※地名や人名など固有名詞では，ay, ey の表記もあります。
→ 二重母音 [aɪ] は，[a] から [ɪ] の口の形へ舌を動かしながら発音します。
　[a] と [ɪ] を切って発音することはできません。
　※ei の後に h の文字がある場合，h は無音となります(☞子音(8))。
[aʊ]　au
→ 二重母音 [aʊ] は，[a] から [ʊ] の口の形へ舌を動かしながら発音します。
　[a] と [ʊ] を切って発音することはできません。
[ɔɪ]　eu　äu
→ 二重母音 [ɔɪ] は，[ɔ] から [ɪ] の口の形へ舌を動かしながら発音します。
　[ɔ] と [ɪ] を切って発音することはできません。

母音は表情豊かに！

✔　一つの母音の前半と後半で口の形が変わります。
✔　前の母音を強め・長めに出して，滑らかに後ろの母音に移ります。
✔　後ろの母音は前の母音に添えるように，ややあいまいに発音しましょう。

　鏡を見ながら大きな声で！　🔊I-54

　　　[aɪ]　[aɪ]　[aɪ]　　[aʊ]　[aʊ]　[aʊ]
　　　[ɔɪ]　[ɔɪ]　[ɔɪ]

つづり字を見て発音してみよう

🔊1-55

(1) [aɪ]   **ei**   **ai**   **ei**

     [aʊ]   **au**   **au**   **au**

     [ɔɪ]   **eu**   **äu**   **eu**

🔊1-56

(2) **a** [a]   **i** [ɪ]   **ei** [aɪ]

     a [a]   **u** [ʊ]   **au** [aʊ]

     o [ɔ]   **i** [ɪ]   **eu** [ɔɪ]

🔊1-57

(3) **ei** [aɪ]   **eier** [áɪɐ]

     au [aʊ]   **auer** [áʊɐ]

     eu [ɔɪ]   **euer** [ɔ́ɪɐ]

🔊1-58

(4) **nein** [naɪn]   **nein** [naɪn]

     neun [nɔɪn]   **neun** [nɔɪn]

🔊1-59

(5) **ei** [aɪ]   **mai** [maɪ]   **meyer** [máɪɐ]

     au [aʊ]   **mau** [maʊ]   **mauer** [máʊɐ]

クイズ2　次の母音を表すつづり字はどれ？　(☞答え p.185)

　次の発音記号の母音を表すつづり字を下の文字群から選びましょう。一つのつづり字が複数の音に使われることもあります。

[oː] _____ _____ _____

[ʊ] _____ 　　　 [aɪ] _____ _____

[ɪ] _____ 　　　 [ɔɪ] _____ _____

[œ] _____ 　　　 [uː] _____ _____

[aʊ] _____ 　　　 [ʏ] _____ _____

[ɐ] _____ _____ 　　　 [ɔ] _____

---

eu	o	-er	u	
ö	o	ai	u	oo
-r	uh	äu	ei	
oh	ü	au	i	y

64

8. 子音 (2)

❏ 音を知ろう

> [l]　l　ll
> → 舌先を上の前歯の根元に広く平らに押し当て，舌の両側の隙間から「ルー」と声を出すようにして発音します。舌先で歯茎の後ろを弾いて発音する日本語のラ行の子音と異なり，舌を押し当てたまま発音します。
>
> [ʁ]　r　rr　rh
> → r が表す子音の音です。音節の頭，子音の後，語中の短母音の後の r の音です。舌先を下の前歯の裏につけた状態で軽く口を開け，「ラー」と声を出すと [ʁ] の音が出ます。前舌を上あごにつけずに発音するのがポイントです。うまく音が出せないときは，指先を舌の上に置いて発音してみましょう。
> ※語末の r (Uhr), 接頭辞 er-, ver-, zer- の r, 語中の長母音の後の r (fährt) は，母音化して [ɐ] の音を表します(☞母音(3))。

 [ʁ] の代わりに [ʀ] [r] の音も用いられます。

　[ʀ] → [ʁ] を出すのと同じ口の形で「ラッ」と強く声を出してみましょう。うがいをするときのように呼気で口蓋垂(ノドビコ)が震えて [ʀ] の音になります。
　[r] → 舌先を上あごの中央寄りのところに向けて折り曲げ，その状態のまま「ロッ, ロッ」と強く声を出すと，舌先が震えて[r] の音になります。いわゆる巻き舌のラ行音です。

子音ははっきり，たっぷり！

✔ 日本語話者は [l] を弱く発音しがちです。舌先を歯茎に押し当てたまま，十分に時間をかけて発音します。語中語末で特に気をつけましょう。
✔ 次の音が出る前に「ため」を作って子音だけ伸ばすと，子音がはっきり聞こえます。

> 鏡を見ながら大きな声で！　🔊1-60
> 　　[laː]　[a]　[laː]　　[laː]　[a]　[laː]
> 　　[ʁaː]　[a]　[ʁaː]　　[ʁaː]　[a]　[ʁaː]

つづり字を見て発音してみよう

🔊₁-₆₁

(1)　[le:]　**leh**　　**leh**　　**leh**

　　[ʁoː]　**roh**　　**roh**　　**roh**

　　[álə]　**alle**　　**alle**　　**alle**

　　[íʁə]　**irre**　　**irre**　　**irre**

🔊₁-₆₂

(2)　**l** [l]　　　**l** [l]　　　**il** [ɪl]

　　il [ɪl]　　**il** [ɪl]　　**il** [ɪl]

　　r [ʁ]　　　**r** [ʁ]　　　**ir** [ɪʁ]

　　ir [ɪʁ]　　**ir** [ɪʁ]　　**ir** [ɪʁ]

🔊I-63

(3)   **m** [m]   **m** [m]   **lm** [lm]

ulm [ʊlm]   **ulm** [ʊlm]   **ulm** [ʊlm]

n [n]   **n** [n]   **ln** [ln]

meln [məln]   **meln** [məln]   **meln** [məln]

m [m]   **m** [m]   **rm** [ʁm]

arm [aʁm]   **arm** [aʁm]   **arm** [aʁm]

🔊I-64

(4)   **lern** [lɛʁn]   **lern** [lɛʁn]

rollen [ʁɔ́lən]   **rollen** [ʁɔ́lən]

mahl [maːl]   **nahr** [naːɐ̯]

67

💡 発音のポイント ②

> <日本語話者が苦手とするところ>
> 1. 音と文字は1対1に対応するとは限りません。同じ音が異なる文字で表されることもありますし、一つの文字が複数の音を表すこともあります。
> 2. 一つの音のまとまり(＝音節)は必ず母音を一つ含みますが、ドイツ語ではそのまとまりの中で子音が続いたりまとまりが子音で終わったりします。日本語話者はこのとき、母語の影響で母音を出してしまいがちです。意識して子音だけでしっかり発音しましょう。

 本書で扱っていない短母音

外来語などのアクセントのない音節では、しばしば短母音が [i][e][o][ø][u][y] の音になります。それぞれ長母音 [iː][eː][oː][øː][uː][yː] と同じ口の形で短く発音します (real [ʁeáːl], Euro [ɔ́ɪʁo], Ruine [ʁuíːnə])。[oː]と[ɔ]のような長短での音質の違いはありません。

チャレンジ！

1. ドイツ語の単語を発音してみましょう。

🔊 1-65

1 音節　★

nun [nuːn]　　neu [nɔɪ]　　Raum [ʁaʊm]

Müll [mʏl]　　Öl [øːl]　　Ring [ʁɪŋ]

2 音節　★☆

immer [ímɐ]　　Nummer [nómɐ]
Maler [máːlɐ]　　Lehrer [léːʁɐ]

Euro [ɔ́ɪʁo]　　räumen [ʁɔ́ɪmən]
meinen [máɪnən]　　Meinung [máɪnʊŋ]

Länge [léŋə]   Rolle [ʁólə]
Reihe [ʁáɪə]   leihen [láɪən]

malen [máːl(ə)n]   Nahrung [náːʁʊŋ]
rühren [ʁýːʁən]   lernen [lέʁnən]

2. どのつづり字が発音されましたか。聞き取って答えましょう。

(☞答え p.185)

◁)₁-66

(1)   oh   uhr   üh   ih
        öh   uh   ee   ohr
        (,   ,   )

(2)   nun   um   moh   ong
        un   muh   ung   mohn
        (,   ,   )

3. どのつづり字が発音されましたか。聞き取って空欄を埋めましょう。

(☞答え p.185)

◁)₁-67

(1)   [   ]er   (ei / au / äu)

        m[   ]er   (ai / au / eu)

        n[   ]n   (ei / au / eu)

(2)   u[   ]m   (l / r)

        a[   ]m   (l / r)

        mah[   ]   (l / r)

69

会話 〜はじめまして！〜　(☞和訳 p.187)

会話の状況を思い浮かべ，登場人物になったつもりで音読しましょう。

🔊 1-68

（手を差し出して）

Emil:　Hallo!　Emil, Emil Müller.

（握手しながら）

Lilian:　Hallo, Emil!

　　　　Mein Name ist [Ist] Lilian, Lilian Meyer.

Emil:　Lilian!　Ein toller Name!

9. 子音 (3)

❑ **音を知ろう**

> [p]　p　pp
> 　　-b　(☞発音のポイント③)
> → 日本語のパ行の子音と同じ音です。唇を閉じ，息をいったん止めます。唇を開くと同時に強く短く息を放出すると，[p]の音になります。
> [t]　t　tt　th　(主に語末で)-dt
> 　　-d　(☞発音のポイント③)
> → 日本語の「タ・テ・ト」の子音と同じ音です。舌先を上の歯茎につけ，息をいったん止めます。舌先を歯茎から離すと同時に強く短く息を放出すると，[t]の音になります。
> [k]　k　ck　c　ch　ch(s)　(☞発音のポイント④⑤)　q(u)　(☞子音(5))
> 　　-g　(☞発音のポイント③)
> → 日本語のカ行の子音と同じ音です。上あごの奥 (口蓋が柔らかくなっている部分) に舌の奥の部分をつけ，息をいったん止めます。舌を離すと同時に強く短く息を放出すると，[k]の音になります。

子音ははっきり，たっぷり！

✔ それぞれ両唇 ([p])，歯茎 ([t])，口の奥(軟口蓋 ([k]))でしっかり閉じて空気を十分に閉じ込め，破裂させるように一気に開放して息を出します。
✔ 語中語末では気が回らず，弱く発音してしまいがちです。特に意識してしっかり発音しましょう。
✔ 閉鎖を解く瞬間に圧力を高めて切れよく開放すると，子音がはっきり聞こえます。

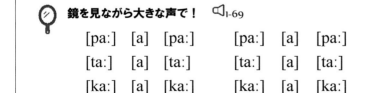

つづり字を見て発音してみよう

🔊 1-70

(1)　[pap]　　**papp**　　**papp**　　**papp**

　　　[taːt]　　**tat**　　**tat**　　**tat**

　　　[kɛk]　　**keck**　　**keck**　　**keck**

🔊 1-71

(2)　**tier** [tiːɐ]　　　**tür** [tyːɐ]

　　tun [tuːn]　　　**tum** [tuːm]

🔊 1-72

(3)　**emp** [ɛmp]　　　**ent** [ɛnt]　　　**ente** [ɛ́ntə]

　　amt [amt]　　　**alt** [alt]　　　**alte** [áltə]

🔊 1-73

(4) **trinke** [tʁíŋkə]　　**trink** [tʁɪŋk]　　**trinkt** [tʁɪŋkt]

　　parke [páʁkə]　　**park** [paʁk]　　**parkt** [paʁkt]

🔊 1-74

(5) **pl** [pl]　　　**pl** [pl]　　　**plau** [plaʊ̯]

　　kl [kl]　　　**kl** [kl]　　　**klau** [klaʊ̯]

　　kn [kn]　　　**kn** [kn]　　　**knau** [knaʊ̯]

🔊 1-75

(6) **prie** [pʁiː]　　**prä** [pʁɛː]　　**prei** [pʁaɪ̯]

　　trie [tʁiː]　　**trä** [tʁɛː]　　**trei** [tʁaɪ̯]

　　krie [kʁiː]　　**krä** [kʁɛː]　　**krei** [kʁaɪ̯]

10. 子音 (4)

❏ **音を知ろう**

> [b] b bb
> → 日本語のバ行の子音と同じ音です。唇を閉じ，息をいったん止めます。唇を開くと同時に短く声を出すと，[b] の音になります。
>
> [d] d dd
> → 日本語の「ダ・デ・ド」の子音と同じ音です。舌先を上の歯茎につけ，息をいったん止めます。舌先を歯茎から離すと同時に短く声を出すと，[d] の音になります。
>
> [g] g gg
> → 日本語のガ行の子音と同じ音です。上あごの奥(口蓋が柔らかくなっている部分)に舌の奥の部分をつけ，息をいったん止めます。舌を離すと同時に短く声を出すと，[g] の音になります。
>
> ※文字 b, d, g は，語末・音節末，無声子音の前では無声音として発音されます(☞子音(3); 発音のポイント③)。

子音ははっきり，たっぷり！

✔ それぞれ両唇 ([b])，歯茎 ([d])，口の奥(軟口蓋 ([g]))でしっかり閉じて空気を十分に閉じ込め，破裂させるように一気に開放して声を伴った息を出します。

✔ 語中語末では気が回らず，弱く発音してしまいがちです。特に意識してしっかり発音しましょう。

✔ 閉鎖を解く瞬間に圧力を高めて切れよく開放すると，子音がはっきり聞こえます。

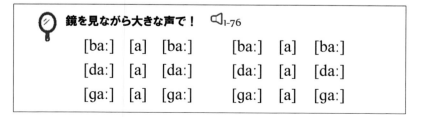

つづり字を見て発音してみよう

🔊 1-77

(1) [béːbən] **beben** beben

　　[dúːdən] **duden** duden

　　[géːgən] **gegen** gegen

🔊 1-78

(2) **pein** [paɪn]　**bein** [baɪn]

　　tank [taŋk]　**dank** [daŋk]

　　kalt [kalt]　**galt** [galt]

🔊 1-79

(3) **ebben** [ɛbən]　**edden** [ɛdən]　**eggen** [ɛgən]

🔊 1-80

(4) **blie** [bliː]　**blüh** [blyː]　**blau** [blaʊ]

　　glie [gliː]　**glüh** [glyː]　**glau** [glaʊ]

　　gna [gnaː]　**gnä** [gnɛː]　**gnu** [gnuː]

🔊 1-81

(5) **brat** [bʁaːt]　**brau** [bʁaʊ]　**brei** [bʁaɪ]

　　draht [dʁaːt]　**drau** [dʁaʊ]　**drei** [dʁaɪ]

　　grat [gʁaːt]　**grau** [gʁaʊ]　**grei** [gʁaɪ]

発音のポイント ③

> ＜無声化の規則＞
> 1. [p]と[b], [t]と[d], [k]と[g]の違いは，声が出ているかどうかによる違いです。喉仏に手を当てて「アー」と言ってみましょう。声帯が震えるのがわかります。「声」が出ている状態です。「ハー」と息を吐き出すだけでは振動は感じられません。息だけで作る音を無声音，声を出しながら作る音を有声音といいます。[p] [t] [k] は無声音，[b] [d] [g] は有声音です。
> 2. 語末や音節末，無声子音の前ではこの区別はなくなり，文字が b, d, g であっても無声音 [p] [t] [k] になります。
>   ※つづり字 ng は，一つの音 [ŋ] を表します (☞子音(1))。
>   ※語末・音節末の ig では，g は通常 [ç] の音になります (☞子音(7))。

つづり字を見て発音してみよう

🔊 1-82

(1)　**gaben** [gáːbən]　　**gab** [gaːp]

　　baden [báːdən]　　**bad** [baːt]

　　tagen [táːgən]　　**tag** [taːk]

🔊 1-83

(2)　**lieb** [liːp]　　**lied** [liːt]　　**lieg** [liːk]

🔊 1-84

(3)　**leben** [léːbən]　　**lebt** [leːpt]

　　legen [léːgən]　　**legt** [leːkt]

チャレンジ！

1．ドイツ語の単語を発音してみましょう。

🔊1-85

1音節　★

gern [gɛʁn]　　　Köln [kœln]　　　Turm [tʊʁm]　　　Typ [tyːp]
Glück [glʏk]　　　krank [kʁaŋk]　　　Ort [ɔʁt]　　　Brot [bʁoːt]
Punkt [pʊŋkt]　　ab [ap]　　　mag [maːk]　　　gebt [geːpt]　　　Geld [gɛlt]

2音節　★☆

Ämter [ɛ́mtɐ]　　　Mutter [mʊ́tɐ]　　　Bruder [bʁúːdɐ]
geben [géːb(ə)n]　　trocken [tʁɔ́k(ə)n]　　Knoten [knóːt(ə)n]
Thema [téːma]　　　Kleidung [kláɪdʊŋ]　　England [ɛ́ŋlant]

3音節　★☆☆

abbiegen [ápbiːg(ə)n]　　　　Geldbeutel [gɛ́ltbɔɪt(ə)l]

2．次の下線部で [p]/[b], [t]/[d], [k]/[g], [l]/[ʁ], [iː]/[eː], [uː]/[yː] のそれぞれどちらの音が発音されたか聞き取りましょう。　（☞答え p.185）

🔊1-86

(1)　lie__　　　　[t] / [d]　　　(2)　b__at　　　　[l] / [ʁ]

(3)　ka__t　　　　[l] / [ʁ]　　　(4)　le__t　　　　[p] / [b]

(5)　e__en　　　　[k] / [g]

🔊1-87

(6)　gl__　　　　[uː] / [yː]　　　(7)　l__gen　　　[iː] / [eː]

(8)　__ rei　　　　[t] / [d]　　　(9)　__ ein　　　[p] / [b]

(10)　lie__　　　　[k] / [g]

🗨️ 会話 〜動物園で〜 (☞和訳 p.187)

会話の状況を思い浮かべ，登場人物になったつもりで音読しましょう。

🔊 1-88

Peter: Oma, guck mal! Ein Gorilla [goʁíla] !
　　　　Er ist klein.

Oma: Er ist ein Kind. Komm, Peter.
　　　Da ist Papa-Gorilla.
　　　Er ist klug.

Peter: Nein, er ist dumm.

Oma: Nein, er ist nur müde.
　　　Er ist alt und klug.

11. 子音 (5)

❏ 音を知ろう

> [f]　f　ff　v　ph
> → 上の前歯と下唇の内側を軽く接触させ，歯と唇の隙間から強く息を出して発音します。両唇の隙間から息を出して発音する日本語の「フ」の子音とは異なるので注意しましょう。
>
> [v]　w　v　(q)u　※vは主に外来語で有声音[v]を表します。
> → 上の前歯と下唇の内側を軽く接触させ，歯と唇の隙間から声を出して発音します。両唇をいったん閉鎖して出す[b]とは異なるので注意しましょう。qu- では u が [v] の音を表します (Quittung [kvítʊŋ])。[k]と[v]の間に母音を入れずに発音しましょう。

子音ははっきり，たっぷり！

✔ 狭めた場所で息が擦れて出る音です。摩擦の音を意識して発音しましょう。
✔ 語中語末では気が回らず，弱く発音してしまいがちです。特に意識してしっかり発音しましょう。
✔ 次の音が出る前に「ため」を作って子音だけ伸ばすと，子音がはっきり聞こえます。

> 鏡を見ながら大きな声で！　◁』I-89
>
> [faː]　[a]　[faː]　　[faː]　[a]　[faː]
> [vaː]　[a]　[vaː]　　[vaː]　[a]　[vaː]

つづり字を見て発音してみよう

🔊 1-90

(1)　[foːɐ̯]　**vor**　　　**vor**　　　**vor**

　　[veːɐ̯]　**wer**　　　**wer**　　　**wer**

🔊 1-91

(2)　**fahr** [faːɐ̯]　　**phie** [fiː]　　**voll** [fɔl]

　　wahr [vaːɐ̯]　　**wie** [viː]　　**woll** [vɔl]

🔊 1-92

(3)　**flie** [fliː]　　**flüh** [flyː]　　**flei** [flaɪ]

　　frie [fʁiː]　　**früh** [fʁyː]　　**frei** [fʁaɪ]

🔊 I-93

(4) **brav** [bʁaːf]   **traf** [tʁaːf]   **graph** [gʁaːf]

elf [ɛlf]   **nerv** [nɛʁf]   **fünf** [fʏnf]

öffner [œfnɐ]   **öfter** [œftɐ]

🔊 I-94

(5) **löwe** [løːvə]   **uwe** [úːvə]

qui [kvɪ]   **que** [kvɛ]   **qua** [qva]

🔊 I-95

(6) **vier** [fiːɐ]   **wir** [viːɐ]   **bier** [biːɐ]

fein [faɪn]   **wein** [vaɪn]   **bein** [baɪn]

werbe [vέʁbə]   **bewerbe** [bəvέʁbə]

12. 子音 (6)

❏ 音を知ろう

[s]　s　ss　ß
→ 語末，および子音の前 (語頭で sp-, st- となる場合を除く ☞ [ʃ]) の s の音です。ss/ß は，常に [s] の音を表します※。舌先を上の歯茎に近づけ，その隙間から強く息を出して発音します。
　※ ss/ß では書き分けがあり，短母音の後で ss, 長母音や二重母音の後で ß と表記します。

[z]　s
→ 母音の前の s の音です。舌先を上の歯茎に近づけ，その隙間から声を出して発音します。日本語のザ行は語頭などで一瞬舌先が歯茎に接触して強く響きますが ([ʣ])，[z] は息が隙間を通る際の摩擦だけで作る音です。後に母音 [i:] [ɪ] が続くとき，日本語の「ジ」にならないように気をつけましょう (☞ p.85)。

[ʃ]　sch　s(p) / s(t)　※主にフランス語由来の語で ch の表記もあります。
→ 舌先よりやや後ろの部分を上の歯茎に近づけ，その隙間から強く息を出して発音します。そのとき唇を丸めて前に突き出します。合成語内を含む語頭では，[p] [t] の前で s が [ʃ] の音を表します。後に母音 [i:] [ɪ] が続くとき，「シ」にならないように気をつけましょう (☞ p.85)。唇をしっかり前に突き出します。
　※外来語で [ʃ] の有声音 [ʒ] も使われます (Journalist [ʒʊʁnalíst], Garage [gaʁáːʒə])。

子音ははっきり，たっぷり！

✔ 狭めた場所で息が擦れて出る音です。摩擦の音を意識して発音しましょう。
✔ 語中語末では気が回らず，弱く発音してしまいがちです。特に意識してしっかり発音しましょう。
✔ 次の音が出る前に「ため」を作って子音だけ伸ばすと，子音がはっきり聞こえます。

鏡を見ながら大きな声で！　🔊1-96

[saː]　[a]　[saː]　　[saː]　[a]　[saː]
[zaː]　[a]　[zaː]　　[zaː]　[a]　[zaː]
[ʃaː]　[a]　[ʃaː]　　[ʃaː]　[a]　[ʃaː]

つづり字を見て発音してみよう

🔊1-97

(1)　[mʊs]　　**muss**　　　**muss**　　　**muss**

　　[maːs]　　**maß**　　　**maß**　　　**maß**

　　[ziː]　　**sie**　　　**sie**　　　**sie**

　　[ʃaʊ]　　**schau**　　**schau**　　**schau**

🔊1-98

(2)　**los** [loːs]　　　**lassen** [lásən]　　　**lesen** [léːzən]

　　fuß [fuːs]　　　**weiß** [vaɪs]　　　**füße** [fýːsə]

🔊1-99

(3)　**schief** [ʃiːf]　　　**tisch** [tɪʃ]　　　**fische** [fíʃə]

　　eins [aɪns]　　　**einsam** [áɪnzaːm]　　　**mensch** [mɛnʃ]

🔊2-1

(4)　**kurs** [kʊʁs]　　　**kurse** [kʊ́ʁzə]

　　falls [fals]　　　**falsch** [falʃ]

🔊2-2

(5) **kommst** [kɔmst]　　**willst** [vɪlst]

　　längst [lɛŋst]　　**trinkst** [tʁɪŋkst]

　　triffst [tʁɪfst]　　**wäschst** [vɛʃst]

🔊2-3

(6) **schmal** [ʃmaːl]　　**schnell** [ʃnɛl]

　　schlitt [ʃlɪt]　　**schritt** [ʃʁɪt]

🔊2-4

(7) **statt** [ʃtat]　　**streng** [ʃtʁɛŋ]　　**gestalt** [ɡəʃtált]

　　spott [ʃpɔt]　　**sprung** [ʃpʁʊŋ]　　**gespannt** [ɡəʃpánt]

　　fest [fɛst]　　**wespe** [véspə]　　**gäste** [ɡéstə]

発音のポイント ④

<アクセントのない接頭辞>
基礎となる語の頭についてある意味を加える働きをするものを，接頭辞といいます。アクセントが置かれるものと置かれないものがあります。
be [bə], emp [ɛmp], ent [ɛnt], er [ɛɐ̯], ge [gə], ver [fɛɐ̯], zer [tsɛɐ̯] などにはアクセントが置かれません。通常，次の音節にアクセントが置かれます。
接頭辞に続く部分は語頭と同じですから，sp-/st- の s は [ʃ] の音を表します (verstehen [fɛɐ̯ʃtéːən])。

<s が表す音>
s は音環境により異なる音 [s] [z] [ʃ] を表します。
語末や子音の前では，無声の [s] を表します。ただし語頭 (合成語内を含む) で子音 [p] [t] の前では，sch と同様 [ʃ] を表します (spät [ʃpɛːt], stark [ʃtaʁk])。母音の前では有声の [z] を表します。ただし直前に無声子音 [p] [k] がある場合，母音の前でも無声音 [s] を表します (psychisch [psýːçɪʃ], wachsen [váks(ə)n] (☞子音(3); 発音のポイント⑥))。

 母音 [iː] [ɪ] の影響

日本語のイ段の発音では，母音イを発音する準備として，直前の子音の調音においても舌が上あごの中央付近に向かって盛り上がります。そのため，子音の調音点が他の段と異なることがあります (例えばザ行のイ段の音は「ズィ [zi]」ではなく「ジ [ʑi]」です)。ドイツ語の発音では，母音 [iː] [ɪ] が続くときでも，子音の調音点は他の母音が続くときと変わりません。

チャレンジ！

1. ドイツ語の単語を発音してみましょう。

🔊2-5

1音節 ★

süß [zyːs]	Schnee [ʃneː]	Spiel [ʃpiːl]	Schiff [ʃɪf]
Stadt [ʃtat]	Fluss [flʊs]	Film [fɪlm]	Luft [lʊft]
Wurst [vʊʁst]	sonst [zɔnst]	stimmt [ʃtɪmt]	
Freund [fʁɔɪnt]	selbst [zɛlpst]		

2音節 ★☆

sauer [záʊɐ]	Schüler [ʃýːlɐ]	Phase [fáːzə]
singen [zíŋən]	müssen [mýs(ə)n]	Vogel [fóːg(ə)l]
also [álzo]	Quelle [kvélə]	öffnen [œ́fnən]
gestern [géstɐn]	Beispiel [báɪʃpiːl]	Frühstück [fʁýːʃtʏk]

2音節 ☆★

Verweis [fɛɐváɪs]　　　bequem [bəkvéːm]

3音節 ☆★☆

verschließen [fɛɐʃlíːs(ə)n]

2. どのつづり字が適切ですか。聞き取って空欄を埋めましょう。

(☞答え p.185)

🔊2-6

(1) ein＿＿am　[s / ss]　　　(2) bra＿＿＿　　　[b / v / w]

(3) ＿＿ier　[b / v / w]　　　(4) q＿＿i　　　　[b / u]

(5) fü＿＿e　[s / sch / ß]　　(6) ＿＿ä＿＿ ＿＿t　[s / sch / w]

86

クイズ3　食べ物を表すのはどれ？　(☞答え p.186)

飲み物を表す名詞の中に，食べ物を表す名詞が一つあります。発音して考えましょう。

🔊 2-7

| Kakao | Sekt | Wein | Schnaps |
| Kaffee | Suppe | Wasser | Saft |

💬会話　〜青のVWです〜　(☞和訳 p.187)

会話の状況を思い浮かべ，登場人物になったつもりで音読しましょう。

🔊 2-8

Eva:　　Wo ist dein neues Auto?

Simon:　Da. Vorm Eingang.

Eva:　　Ein blauer Volkswagen, toll!

Simon:　Der ist etwas klein, aber gefällt mir gut.

13. 子音 (7)

❏ **音を知ろう**

[ç]　ch　-(i)g
→ 語頭, 子音の後, 母音 i, e, ä, ö, ü, ei/ai, eu/äu の後の ch, および語末・音節末の -ig の g (☞発音のポイント③) の音です。日本語の「ヒ」の子音と同じ音です。「イ」の口の形から舌をさらに盛り上げて隙間を狭め, その隙間から強く息を出して発音します。
　※ -ig [ɪç] の g [ç]は, 語形変化によって後に母音が続くときは[g]と発音します。
　　（☞ 発音のポイント⑤）

[x]　ch
→ 母音 a, o, u, au の後の ch の音です。「カ」と言うつもりで口の奥で舌を上あごにはつけず, 狭めを作るだけにしてください。その隙間から強く息を出したとき, 摩擦によって出る音が [x] です。日本語のハ行音にならないように気をつけましょう。

※ つづり字 ch の前の母音は, 短音の場合と長音の場合があります。

子音ははっきり, たっぷり！

✔ 狭めた場所で息が擦れて出る音です。摩擦の音を意識して発音しましょう。
✔ 語中語末では気が回らず, 弱く発音してしまいがちです。特に意識してしっかり発音しましょう。
✔ 次の音が出る前に「ため」を作って子音だけ伸ばすと, 子音がはっきり聞こえます。

 鏡を見ながら大きな声で！　🔊2-9
　　　　[ça:]　[a]　[ça:]　　[ça:]　[a]　[ça:]
　　　　[xa:]　[a]　[xa:]　　[xa:]　[a]　[xa:]

つづり字を見て発音してみよう

🔊 2-10

(1) [ɪç]   **ich**   **ich**   **ich**

   [ɔɪç]   **euch**   **euch**   **euch**

   [ax]   **ach**   **ach**   **ach**

   [aʊx]   **auch**   **auch**   **auch**

🔊 2-11

(2) **china** [çíːna]   **küche** [kÝçə]

   manch [manç]   **durch** [dʊʁç]   **solche** [zɔ́lçə]

   ledig [léːdɪç]   **ruhig** [ʁúːɪç]

   recht [ʁɛçt]   **richtig** [ʁíçtɪç]

🔊 2-12

(3) **kochen** [kɔ́xən]   **kocher** [kɔ́xɐ]

suchen [zúːxən]   **sucher** [zúːxɐ]

rauch [ʁaʊ̯x]   **rauf** [ʁaʊ̯f]

tauchen [táʊ̯xən]   **taufen** [táʊ̯fən]

🔊 2-13

(4) **nacht** [naxt]   **nächte** [nɛ́çtə]

mochte [mɔ́xtə]   **möchte** [mœ́çtə]

buch [buːx]   **bücher** [býːçɐ]

bauch [baʊ̯x]   **bäuche** [bɔ́ʏçə]

14. 子音 (8)

❏ 音を知ろう

[h]　h
→ 日本語の「ハ・ヘ・ホ」の子音と同じ音です。後に続く母音の口の形で，喉の奥 (声帯の隙間) から強く息を出して発音します。後に母音 [uː] [ʊ] が続くとき，日本語の「フ」にならないように気をつけましょう。[hɪ] と [çɪ] も区別しましょう。口の中に広めの空間を作り，喉に力を入れて発音します。

※合成語内で語頭となる場合を除き，母音の後に h の文字がある場合，h は [h] の音を表しません。前の母音を長母音として発音すること (Uhr, Sohn)，もしくは音節の境界があること (Rei|he, se|hen) を示す働きをします (☞ 母音(3))。いずれの場合も h は無音となります。

[j]　j
→ 舌の中央部分を盛り上げて上あごに近づけ，声を出して発音します。日本語のヤ行の子音と同じ音ですが，摩擦を感じる程度に接近部を狭めると，ドイツ語らしい音になります。

子音ははっきり，たっぷり！

✔ [h] は喉の奥で息が擦れて出る音です。摩擦の音を意識して発音しましょう。
✔ [h] では次の母音が出る前に「ため」を作って子音だけ伸ばすと，子音がはっきり聞こえます。
✔ [j] は，母音 [ɪ] の口の形から他の母音に移る際に瞬間的に出る響きのよい音です。[ɪ] の口の形で「ため」を作ってヤ行の音を出すと，子音がはっきり聞こえます。
✔ 語中語末では気が回らず，弱く発音してしまいがちです。特に意識してしっかり発音しましょう。

 鏡を見ながら大きな声で！　🔊2-14

[haː]　[a]　[haː]　　[haː]　[a]　[haː]
[jaː]　[a]　[jaː]　　[jaː]　[a]　[jaː]

つづり字を見て発音してみよう

🔊 2-15

(1)　[haːɐ]　　**haar**　　**haar**　　**haar**

　　　[jaːɐ]　　**jahr**　　**jahr**　　**jahr**

🔊 2-16

(2)　**eben** [éːbən]　　**heben** [héːbən]

　　offen [ɔ́fən]　　**hoffen** [hɔ́fən]

🔊 2-17

(3)　**geh** [geː]　　**gehen** [géːən]　　**hegen** [héːgən]

　　leih [laɪ]　　**leihen** [láɪən]　　**heilen** [háɪlən]

🔊 2-18

(4)　**hin** [hɪn]　　**china** [çíːna]　　**hin** [hɪn]

　　hund [hʊnt]　　**fund** [fʊnt]　　**hund** [hʊnt]

　　hülle [hýlə]　　**fülle** [fýlə]　　**hülle** [hýlə]

🔊2-19

(5) **jena** [jéːna]　　**jura** [júːʁa]　　　**jota** [jóːta]

　　juch [jʊx]　　　**joch** [jɔx]　　　　**jauch** [jaʊx]

🔊2-20

(6) **holen** [hóːlən]　　　　　**abholen** [áphoːlən]

　　jagen [jáːgən]　　　　　**abjagen** [ápjaːgən]

　　einhändig [áɪnhɛndɪç]　　**einjährig** [áɪnjɛːʁɪç]

💡 発音のポイント ⑤

<ch が表す音>

ドイツ語のつづり字 ch は, 外来語を含めるとさまざまな音を表します。まずは代表的な音 [ç] と [x] で, 音環境によって交替します。語頭では [k] の音も見られます (Charakter [kaʁáktɐ])。つづり字 chs でも ch は [k] を表します (sechs [zɛks])。フランス語由来の語では [ʃ] (Chance [ʃã:s(ə)]), 英語由来の語では [tʃ] を表すことがあります (checken [tʃɛ́k(ə)n])。

<g が表す音>

語末・音節末では [g] の音は現れず, 文字 g は無声音 [k] を表します。ただし -ig では, g は [ç] の音を表します (wenig [vé:nɪç])。これも動詞や形容詞の活用, 名詞の複数語尾などで -ig の後ろに母音が付加されると, 有声の [g] の音になるので注意しましょう (weniger [vé:nɪgɐ])。

チャレンジ！

1. ドイツ語の単語を発音してみましょう。

🔊 2-21

1音節　★

Tuch [tu:x]　　hoch [ho:x]　　höchst [hø:çst]

Milch [mɪlç]　　leicht [laɪçt]　　Huhn [hu:n]

jung [jʊŋ]　　hübsch [hypʃ]

2音節　★☆

hören [hǿ:ʁən]　　Kuchen [kú:x(ə)n]　　machen [máx(ə)n]

jünger [jýŋɐ]　　sicher [zíçɐ]　　heute [hóɪtə]

Hilfe [hílfə]　　Kirche [kíʁçə]　　jemand [jé:mant]

Mädchen [mɛ́:tçən]　　mächtig [mɛ́çtɪç]　　fleißig [fláɪsɪç]

glücklich [glýklɪç]　　Himmel [hím(ə)l]　　wechseln [vɛ́ks(ə)ln]

2音節　☆★

Chemie [çemíː]

3音節　★☆☆

Weihnachten [váɪnaxt(ə)n]

3音節　☆★☆

Japanisch [japáːnɪʃ]　　　behaupten [bəháʊpt(ə)n]

4音節　☆★☆☆

Erwachsene [ɛʁváksənə]

2. 次の下線部で [ç]/[x]/[h]，[f]/[x]/[h]，[ɪ]/[j] のそれぞれどの音が発音され
たか聞き取りましょう。　(☞答え p.186)

◁2-22

(1) su__en　　[ç] / [x] / [h]　　(2) __und　　[f] / [x] / [h]

(3) bü__er　　[ç] / [x] / [h]　　(4) __in　　　[ç] / [x] / [h]

(5) __ena　　 [ɪ] / [j]　　　　　(6) ho__en　[f] / [x] / [h]

3. つづり字 h が発音されているのはどれ (複数)ですか。　(☞答え p.186)

◁2-23

leihen　　　abholen　　　hülle　　　jahr

haar　　　　einjährig　　　leih　　　gehen

95

会話 ～自己紹介～　(☞和訳 p.188)

会話の状況を思い浮かべ，登場人物になったつもりで音読しましょう。

🔊 2-24

Michael:　Hallo!　Ich heiße Michael.　Wie heißt du?

Hanna:　Ich heiße Hanna.

Michael:　Was machst du, Hanna?

Hanna:　Ich bin Studentin.　Ich studiere Jura.

Michael:　Ach so!　Ich auch!　Ich bin Jurastudent.

Hanna:　Woher※ kommst du, Michael?

Michael:　Ich komme aus Bochum.

※ woher [vohéːɐ] は wo と her が合わさった合成語です。母音の後でも her の [h] の音を発音します。

15. 子音 (9)

❑ **音を知ろう**

[ts]　z　zz　c　ds　ts　tz　t(ion)
→ 日本語の「ツ」の子音と同じ音です。舌先を上の歯茎につけ、息をいったん止めます。舌先を上の歯茎から離すと同時に下の歯茎の方へわずかに引きながら息を出すと、[ts] の音が出ます。後に母音 [iː] [ɪ] が続くとき、日本語の「チ」にならないように気をつけましょう (☞ p.85)。

[tʃ]　tsch
→ 舌先を上の歯茎につけ、息をいったん止めます。口をとがらすように唇を前に突き出し、舌先を上の歯茎から離すと同時に下の歯茎の方へ引きながら息を出すと、[tʃ] の音が出ます。
※外来語で [tʃ] の有声音 [dʒ] も使われます (Job [dʒɔp]、Budget [bʏdʒéː])。

[pf]　pf
→ 唇を閉じ、息をいったん止めます。唇をわずかに開くと同時に下唇を上の前歯の下へ引きながら息を出すと、[pf] の音が出ます。

子音ははっきり、たっぷり！

✔ [ts] [tʃ] [pf] は、閉鎖によってたまった息を一気に放出するのではなく、閉鎖から狭めの段階に移り、隙間に息を通して出す音です。息を通すときに摩擦の音を意識して発音しましょう。

✔ 語中語末では気が回らず、弱く発音してしまいがちです。特に意識してしっかり発音しましょう。

✔ 閉鎖を解く瞬間に圧力を高めて切れよく開放し、隙間に強く息を通すと、子音がはっきり聞こえます。

鏡を見ながら大きな声で！　🔊2-25

[tsaː]　[a]　[tsaː]　　[tsaː]　[a]　[tsaː]
[tʃaː]　[a]　[tʃaː]　　[tʃaː]　[a]　[tʃaː]
[pfaː]　[a]　[pfaː]　　[pfaː]　[a]　[pfaː]

つづり字を見て発音してみよう

🔊2-26

(1)　[tsuːɐ]　　**zur**　　　**zur**　　　**zur**

　　　[t͡ʃyːs]　　**tschüs**　　**tschüs**　　**tschüs**

　　　[pfaːl]　　**pfahl**　　　**pfahl**　　　**pfahl**

🔊2-27

(2)　**ziel** [tsiːl]　　　**ziffer** [tsífɐ]　　　**züge** [tsýːɡə]

　　　zwie [tsviː]　　　**zwar** [tsvaːɐ]　　　**zwölf** [tsvœlf]

🔊2-28

(3)　**tschau** [t͡ʃaʊ]　　　**tscheche** [t͡ʃɛ́çə]

　　　deutsch [dɔʏt͡ʃ]　　　**deutsche** [dɔ́ʏt͡ʃə]

🔊2-29

(4)　**ganz** [ɡants]　　　**nichts** [nɪçts]　　　**arzt** [aːɐtst]

　　　katze [kátsə]　　　**skizze** [skítsə]　　　**nation** [natsióːn]

98

🔊2-30

(5)　**kopf** [kɔpf]　　　　　　**köpfe** [kœpfə]

　　　kampf [kampf]　　　　　**kämpfe** [kɛmpfə]

　　　pflaume [pfláʊmə]　　　**pflege** [pflé:gə]

🔊2-31

(6)　**fand** [fant]　　　　　　　**pfand** [pfant]

　　　flug [flu:k]　　　　　　　**pflug** [pflu:k]

　　　pfeife [pfáɪfə]　　　　　　**pfeffer** [pfɛfɐ]

発音のポイント ⑥

> <個別の決まり>
> 外来語や専門語，略語などで決まった文字が表す音やアクセントの位置は，個別に覚えましょう。
> ch は要注意です (☞発音のポイント⑤)。c も [ts] 以外に [k] [tʃ] [s] の音を表します (Computer [kɔmpjúːtɐ], Cello [tʃɛlo], Center [sɛ́ntɐ])。v は主に外来語で有声音 [v] を表します (☞子音(5))。ドイツ語で ie は [iː] の音を表しますが，外来語などでアクセントがない場合，[iə] と発音します (Familie [famíːliə])。-tion は英語の [ʃən] ではなく，[tsióːn] と発音します。アクセントのない接頭辞を持つ語を除き，ドイツ語ではふつう語の最初の母音にアクセントがありますが，外来語の多くでは最後の音節にあります (Universität [univɛʁzitéːt])。
> <x が表す音>
> x は1文字で chs, ks と同じ音 [ks] を表します。[k] と [s] を分けて発音することはできません。常に無声で (Examen [ɛksáːmən])，英語のように [gz] (exact [ɪgzǽkt]) となることはありません。

チャレンジ！

1. ドイツ語の単語を発音してみましょう。

🔊 2-32

1音節 ★

kurz [kʊʁts]　　　　Platz [plats]　　　　Quatsch [kvatʃ]
Topf [tɔpf]　　　　zwölf [tsvœlf]　　　Text [tɛkst]

2音節 ★☆

Zimmer [tsímɐ]　　　ziehen [tsíːən]　　　Zeitung [tsáɪtʊŋ]
Apfel [ápf(ə)l]　　　abends [áːb(ə)nts]　klatschen [klátʃ(ə)n]
zwischen [tsvíʃ(ə)n]　Pflanze [pflántsə]　Zukunft [tsúːkʊnft]
tschechisch [tʃɛ́çɪʃ]

2音節　☆★

Empfang　[ɛmpfáŋ]

3音節　★☆☆

Lexikon　[lέksikɔn]

3音節　☆★☆

zerschlagen　[tsɛɐʃláːg(ə)n]　　zerstören　[tsɛɐʃtǿːʁən]
empfehlen　[ɛmpféːl(ə)n]　　Geburtstag　[gəbúːɐtstaːk]

3音節　☆☆★

Station　[ʃtatsióːn]

6音節　☆☆☆☆☆★

Kommunikation　[kɔmunikatsióːn]

2. 次の下線部で [ts]/[tʃ], [f]/[pf] のそれぞれどちらの音が発音されたか聞き
　 取りましょう。　（☞答え p.186）

◁)2-33

(1) ＿＿üge　　　[ts] / [tʃ]　　　(2) ＿＿laume　　　[f] / [pf]
(3) deu＿＿＿　　[ts] / [tʃ]　　　(4) ＿＿lug　　　　[f] / [pf]

クイズ4　動物を表すのはどれ？　（☞答え p.186）

乗り物を表す名詞の中に, 動物を表す名詞が一つあります。発音して考えましょう。

◁)2-34

Zug　　　　　　Pferd　　　　　Fahrrad　　　　Taxi

Straßenbahn　　Dampfer　　　Flugzeug

クイズ5　どこの国（都市）？　（☞答え p.186）

地名を表す名詞です。どこの国 (都市) か, 発音して考えましょう。

🔊2-35

München	Russland	Schweiz	Genf
Luxemburg	Nizza	Prag	Österreich
Ungarn	Mailand	Niederlande	Tokio

会話　～お大事に！～　（☞和訳 p.188）

会話の状況を思い浮かべ, 登場人物になったつもりで音読しましょう。

🔊2-36

Viktoria:　　Tag, Maximilian!　Wie geht's?

Maximilian:　Nicht so gut.　Mir ist übel

　　　　　　　und ich habe Kopfschmerzen.

Viktoria:　　Du musst dich schonen.　Wir haben bald

　　　　　　　Examen.

Maximilian:　O.K.　Ich gehe jetzt nach Hause.

Viktoria:　　Gute Besserung!

Maximilian:　Danke, Viktoria!　Tschüs!

総合練習 1 🔊2-37

ドイツ語の数詞です。発音しましょう。

0	null	1	eins	2	zwei	3	drei
4	vier	5	fünf	6	sechs	7	sieben
8	acht	9	neun	10	zehn	11	elf

12	zwölf	13	dreizehn	14	vierzehn
15	fünfzehn	16	sechzehn	17	siebzehn
18	achtzehn	19	neunzehn	20	zwanzig

総合練習 2 🔊2-38

ドイツ語の名詞です。発音しましょう。

Ball	Meter	Hand	Japan
Phrase	Sand	Situation	Tiger
Hunger	Sport	Zoo	Bus
Ring	Sofa	Wind	Note

総合練習 3 🔊2-39

ドイツ語のアルファベットです。発音しましょう。

A [aː]	B [beː]	C [tseː]	D [deː]	E [eː]	F [ɛf]
G [geː]	H [haː]	I [iː]	J [jɔt]	K [kaː]	L [ɛl]
M [ɛm]	N [ɛn]	O [oː]	P [peː]	Q [kuː]	R [ɛʁ]
S [ɛs]	T [teː]	U [uː]	V [faʊ]	W [veː]	X [ɪks]
Y [ýpsilɔn]	Z [tsɛt]	Ä [ɛː]	Ö [øː]	Ü [yː]	ß [ɛstsέt]

リズム練習 2

ここでまた，ドイツ語のリズムに慣れるための練習をします。

文のアクセント

ドイツ語では，2音節以上の語で強弱の音のメリハリをつける語アクセントが決まっています。しかし文の中では，語アクセントを持つすべての語でその強勢部分が強く発音されるわけではありません。

文は，ごく短いものを除けば，発話される際に複数の語を含むいくつかの言葉のまとまり（「アクセントグループ」）に分けられます。これらの境界はたいてい内容的なまとまりの境界と重なりますが，常に一致するわけではありません。話すスピードなど発話の仕方によって言葉のまとまりは長くも短くもなり，それによってまとまりの数も異なります。強アクセントを担うのは各アクセントグループの中の1語（1音節）だけです。※便宜上，強アクセントを担う母音字の上に記号 [´] をつけます。

例：Er wollte sich gestern Nacht mit seinen Freunden unterhalten.
　　彼は昨夜友人たちと語り合おうと思っていた。

🔊 2-40

4 アクセントグループ
Er wóllte sich | gestern Nácht | mit seinen Fréunden | unterhálten.

3 アクセントグループ
Er wóllte sich | gestern Nácht | mit seinen Fréunden unterhalten.

2 アクセントグループ
Er wollte sich gestern Nácht | mit seinen Fréunden unterhalten.

1 アクセントグループ
Er wollte sich gestern Nacht mit seinen Fréunden unterhalten.

次の無意味音による発話 (na = 1音節) で，音節ごとに強弱をつけて机を叩くなど，リズムを取りながら発音してください（[|] はアクセントグループの境界を示します）。

◁)2-41

(1)　na ná na na　　　(2)　na na ná na

(3)　ná na na na　　　(4)　na na na ná

(5)　na ná na ｜ ná na ｜ na ná na

　ドイツ語や英語など強弱のアクセントを持つ言語では，発話の中で強音節間の間隔（強音節から次の強音節までにかける時間）を等しくすることで，自然に強弱のリズムが作り出されます。そのため弱音節は速く軽めに発音される傾向があり（特に母音[ə][ɐ]は控えめに発音され，強音節を形成することはありません），音の脱落や弱化など音変化の現象が見られます。　※文アクセントや音変化について，詳しくは「文の発音」で扱っています。

　次の例で，強音節間が等間隔になるように発音してみましょう。

◁)2-42

　　　　na　ná na　　ná na　　na　ná na
(6)　Wir wáren ｜ géstern ｜ in Brémen.
　　　　私たちは昨日ブレーメンにいた。

　第2グループの強音節と第3グループの強音節の間を縮めるため，第3グループの最初の弱音節 in[ɪn]は，次の強音節 Bre[bʁeː]に添える程度に速く軽く発音します。このとき自然な発音では，in[ɪn]の n[n]は後に続く音 b[b]と似た音[m]（※調音点が共に「両唇」）に変化して，in Bremen [ɪmbʁéːmən] となります。

　もう一度発音してみましょう。

◁)2-42

(7)　Wir wáren ｜ géstern ｜ in Brémen.
　　　　　　　　　　　　　　[ɪmbʁéːmən]

　同じ文を二つのアクセントグループで発話します。

🔊2-43

     na   na na ná na   na   ná na

(8)   Wir waren géstern | in Brémen.

第1アクセントグループの強音節の前の弱音節部 Wir waren [viːɐvaːʁən] が速く発音されるため, 自然な発音では動詞の語尾 en[ən] の e[ə] が脱落します。

もう一度発音してみましょう。

🔊2-43

(9)   Wir waren géstern | in Brémen.
     [viːɐvaːʁn]   [ɪmbʁéːmən]

次は文全体が一つのアクセントグループになる場合です。アクセント(文アクセント)を文末の名詞 Bremen の第1音節に置いて, ひと息に発音します。

🔊2-44

     na   na na na na na   ná na

(10)   Wir waren gestern in Brémen.
      [viːɐvaːʁn]   [ɪmbʁéːmən]

次の例も発音してみましょう。

🔊2-45

     na   ná na   na

(11)   Der Káter schläft.

     そのオス猫は眠っている。

🔊2-45

     na na na   na ná na

(12)   Das ist ein Bewóhner.
            [aɪmbəvóːnɐ]

     この人は住人です。

     ※ein[aɪn] の n[n] は, 後に続く音 b[b] と似た音 [m] に変化します。

🔊2-45

na na na na na na ná na na na na
(13) Damals habe ich oft Kúchen gegessen.
         [ha:p]   [gəgɛsn̩]

当時私はよくケーキを食べた。

※habe[ha:bə] の語尾 e[ə] が脱落し，b が音節末になったことで無声化が起こり hab[ha:p]
となります。また，過去分詞 gegessen の最後の音節の e[ə] が脱落します。

イントネーション

　語や文全体を覆う高低の抑揚 (イントネーション) も，その言語らしさが現れる
音声の特徴の一つです。

　日本語では単語ごとに高低のアクセントが決まっていますが，この区別を保った
まま，発話の際に叙述，疑問，要請などコミュニケーション上の目的に応じてイント
ネーションが加えられます。

　　　「あっ，あめ（雨）。」↘↘　　　「えっ，あめ（雨）?」↘↗

　　　「はい，あめ（飴）。」↗↘　　　「これ，あめ（飴）?」↗↗

　ドイツ語では強弱のリズムを作るアクセントとあいまって，イントネーションが発話
のメロディーを作り上げます。次の３層に分かれた図は，言葉を発する際の人の声
域を表します。通常２層目の中や周辺で，人は無理なく持続的に発話することができ
ます。━ は音節を表します。[´]でマークしてあるのは文アクセントのある音節です。

　叙述や要請，補足を求める(＝疑問詞のある)質問の際は，最後の強音節の後，３層目の
底辺まで下降します(14)。ja/nein の答えを求める疑問文(親しみが込められた場合な
どでは疑問詞のある疑問文でも)や簡略的な問いかけでは，２層目または３層目から
１層目に上昇傾向をたどります(15)。

107

🔊 2-46

(14)

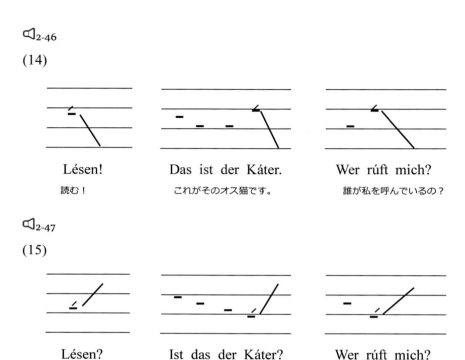

Lésen! / 読む！

Das ist der Káter. / これがそのオス猫です。

Wer rúft mich? / 誰が私を呼んでいるの？

🔊 2-47

(15)

Lésen? / 読む？

Ist das der Káter? / これがそのオス猫ですか？

Wer rúft mich? / 誰が私を呼んでいるって？

無意味音で練習しましょう。強弱のリズムと高低の抑揚をつけて発音します。繰り返し練習し，徐々に速度を速めてみましょう。

🔊 2-48

(16)

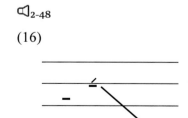

na ná na na

※日本語で「ヤマザキ」と言う場合をイメージしてください。ただし，「キ」にあたる最後の音節でしっかり底辺まで下降させます。

実際の文に当てはめて言ってみましょう。

🔊 2-48
(17)

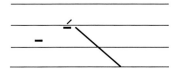

Der Káter schläft.
そのオス猫は眠っている。

🔊 2-49
(18)

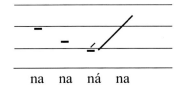

※日本語で「サラダは？」ときつく問う場合を
　イメージしてください。意識して「ダ」に
　強勢を置く感じです。

実際の文に当てはめて言ってみましょう。

🔊 2-49
(19)

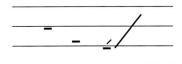

Schläft der Káter?
そのオス猫は眠っているの？

次の例も同じように練習してください。

(20)

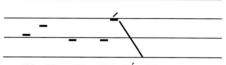

na na na na ná na
Das ist ein Bewóhner.
この人は住人です。

🔊2-50

(21)

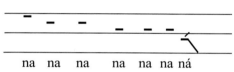

na na na na na na ná
Sie geht jetzt zur Bäckeréi.
彼女は今からパン屋に行く。

🔊2-51

(22)

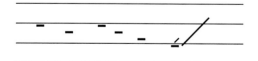

na na na na na ná na
Wart ihr gestern in Brémen?
君たちは昨日ブレーメンにいたの？

(23)

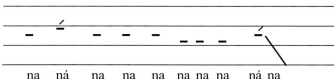

この本なら君に今日貸してあげられるよ。

　言葉の学習では，このような文レベルのアクセントやイントネーションの知識を身につけることがとても重要です。文レベルで誤ると意味が適切に伝わらなかったり，内容を間違って解釈されてしまったりと，さまざまな弊害が出てきます。
　日本語は状況に応じたニュアンスの違いを，多くの場合助詞や構文，語順の違いによって表現します。ドイツ語でも冠詞や助動詞の使い分け，語順などによって発話のニュアンスを変えますが，語彙，文法と並んで文アクセントやイントネーションが文意を左右する重要な役割を担っています。

(24)
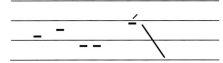

　　　これは学校です。　［これは「何であるか」が話題になっている］

(25)
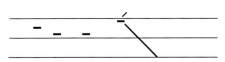

　　　これが学校です。　［「どれ」が学校であるかが話題になっている］

この例で，日本語はどちらの文でもイントネーションが同じですね。

　さらに，語レベルでアクセントのない単音節の語や非分離前つづり，また文レベルで通常アクセントを担わない代名詞や前置詞，接続詞などであっても，対比的に述べる場合などでは任意に文アクセントを付与することができます。逆に言えば，客観的・中立的な発話でアクセントが置かれない語にアクセントを置いて発話してしまうと，その部分を対比的に述べている，またはあえて強調していると解釈されてしまいますので注意が必要です。

🔊2-53

(26)　Er geht heute zum Káufhaus.
　　　彼は今日デパートへ行く。　　　　　　　　　　[客観的・中立的]

(27)　Ér geht heute zum Kaufhaus.
　　　彼が今日デパートへ行く。　　　　　　　　　　[他の誰かではない]

(28)　Er géht heute zum Kaufhaus.
　　　彼は今日，歩いてデパートへ行く。　　　　　　[いつもは乗り物を使っている]

(29)　Er geht héute zum Kaufhaus.
　　　今日，彼はデパートへ行く。　　　　　　　　　[明日(昨日)行くつもりだった]

(30)　Er geht heute zúm Kaufhaus.
　　　彼は今日，デパートまでは行く。　　　　　　　[中には入らない]

文章の発音

In den alten Zeiten...

本章の構成と使い方

　ここではドイツ語の詩と童話を題材に朗読法の基本を学びます。詩は言葉のリズムをよく表します。一方で文の長さや音の配置に制約があるため，構成や表現に工夫が凝らされています。詩を朗読し，歌を歌うことは言葉のリズムを意識し，聞く人に伝わる発音を学ぶ最も効果的で楽しい方法といえます。童話は子どもに語り聞かせる物語です。子どもを物語の世界に引き込むには，わかりやすい話し方と生き生きとした描写が不可欠です。童話はスピード，声の大きさ，抑揚，間(ま)の取り方を意識しながら話すことを学ぶ格好の素材です。

❏ 言葉を伝えよう

　朗読法の基本を学びます。＜もう少し詳しく＞では専門的な用語も使われていますので，飛ばして練習に入ってもかまいません。ただし，**意味をとらえ，内容を味わい，音を響かせる！**には目を通して「伝わる発音」の参考にしてください。言葉が次々に流れて一つの物語となり，情感を伴うメロディーが生み出されるというイメージをもって始めましょう。

朗読してみよう・チャレンジ！

　詩や物語には一題ずつ全文訳と逐語訳がついています。まずは文の意味を理解して内容を自分の中に取り込み，ひと通り音読して語り手となる準備をしてください。

　チャレンジ！では言葉のまとまりが示され，朗読の手引となる印や記号がついています。最初は印に従って練習してください。[**ココはこう読む**]は，筆者が提案する解釈や読み方の説明です。朗読に正解はありません。徐々に印や記号から離れて自分なりの解釈や感情を反映させ，納得のいく伝え方を見つけてください。練習としてペットやぬいぐるみ相手でもかまいません。聞き手を意識して朗読しましょう。ネイティブ・スピーカーによる朗読例があります。自分の朗読も録音して聞き比べてみましょう。

出典紹介

　本書で朗読練習用の例題として使われているテキストの出典を以下に記します(登場順)。(「　」)内の名称は本書で用いる略称です。

＜歌曲から＞

Lorelei　ローレライ　（「ローレライ」）

　　Heinrich Heine の詩。Friedlich Silcher が作曲した歌曲として知られている。

Der Lindenbaum　菩提樹　（「菩提樹」）

　　Wilhelm Müller の詩。Franz Schubert の歌曲集 Winterreise『冬の旅』の第 5 曲。

Auf Flügeln des Gesanges　歌の翼に　（「歌の翼に」）

　　Heinrich Heine の詩。Felix Mendelssohn が作曲した歌曲として知られている。

O Tannenbaum　もみの木　（「もみの木」）

　　古くから伝わる旋律に August Zarnack と Ernst Anschütz が詩をつけたもの。

Heidenröslein　野ばら　（「野ばら」）

　　Johann Wolfgang von Goethe の詩。Franz Schubert や Heinrich Werner が作曲したものが有名。

An die Freude　歓喜に寄せて　（「歓喜に寄せて」）

　　Friedrich von Schiller の原詩を Ludwig van Beethoven が歌詞として引用し,『第九交響曲』
　　第 4 楽章の合唱曲としたもの。

Die Forelle　ます　（「ます」）

　　Christian Schubart の詩。Franz Schubert が作曲した歌曲として知られている。

Die Gedanken sind frei　思うのは自由だ　（「思うのは自由だ」）

　　原詩は 18 世紀末に遡る民謡。学生歌, 政治的な歌として古くから知られている。

＜Grimms Märchen※『グリム童話』から＞　※Jacob Grimm/Wilhelm Grimm 兄弟が編纂した童
話集。正式名称は Kinder- und Hausmärchen『子どもたちと家庭の童話』(1812-15 年初版刊)。
本書は 1857 年刊の第 7 版に基づきます。作題にあたり一部修正を施しました。

Der Froschkönig oder der eiserne Heinrich カエルの王様または鉄のハインリヒ（「カエルの王様」）

Der Wolf und die sieben jungen Geißlein オオカミと七匹の子ヤギ　（「七匹の子ヤギ」）

Marienkind　マリアの子ども　（「マリアの子ども」）

Die Sterntaler　星の銀貨　（「星の銀貨」）

＜その他＞

Goethe Werke. Hamburger Ausgabe in 14 Bänden. Bd.12: Schriften zur Kunst. Schriften zur
Literatur. Maximen und Reflexionen. München: C.H. Beck, 2005.　（「ゲーテ」）

語訳の表記について

　　和訳できない機能語の一部については, 次のような略称を用いて表記しています：
[否] 否定詞 nicht　[否冠] 否定冠詞 kein　[助] 話法の助動詞　[完] 完了の助動詞　[関] 定関係
代名詞, 不定関係代名詞, 関係副詞　[予示] 後に続く dass 文, 関係文などを先取りする es

1. 言葉のまとまりを意識する

❑ 言葉を伝えよう

> 　語を勝手に並べただけでは文が成立しないように，語の配置にはルールがあります。このルール（文法）に従って文は構成され，通常いくつかの意味的なまとまりから成り立っています。これを無視して発話すると，聞き手に適切に意味が伝わらなかったり，誤解を招いてしまったりするおそれがあります。言葉のまとまりを意識して，まずは意味が伝わる発音を心掛けましょう。

＜もう少し詳しく＞

・例えば，Peter, heute（今日），da（そこに），trotzdem（それにもかかわらず）がそれぞれ一つの意味を持つように，mein älterer Bruder（私の兄），am Montag（月曜日に），in der Stadt（町の中で），obwohl es regnet（雨が降っているにもかかわらず）も，それぞれ一つの意味を成すまとまりです。
・一つのまとまりはなるべく一息で読むようにしましょう。慣れてきたら，前のまとまりが次のまとまりに自然に流れ込んで，全体で一つの内容となるように意識しましょう。

意味をとらえ，内容を味わい，音を響かせる！

✔ 意味を伝えるためには，文意を読み解き，言葉のまとまりをとらえた上で表現しなければなりません。ドイツ語の文を分析できる文法力を身につけましょう。
✔ 詩や物語ではさらに一歩進んで深く内容に入り，解釈を加えて表現すると，情景が伝わる発音になります。

朗読してみよう

　最初に例題を一読して意味を確認してください。**チャレンジ！** では 1 行が一つの意味的なまとまりとなっています。情景を思い浮かべながら朗読しましょう。

---

(1)　Ich weiß nicht, was soll es bedeuten, dass ich so traurig bin.

　　　私にはわからない，こんなに悲しいのはどういうことなのか。　　　（「ローレライ」）

---

ich 私は　*weiß* 知っている　*nicht* [否]　*was* 何を　*soll* [助] ～ということだ　*es* [予示] それが
bedeuten 意味する　*dass* ～ということ　*so* これほど　*traurig* 悲しい　*bin* ～である

チャレンジ！　　🔊2-54

Ich weiß nicht,
was soll es bedeuten,
dass ich so traurig bin.

---

(2)　Der Gipfel des Berges funkelt im Abendsonnenschein.

　　　夕陽を浴びて山のいただきが輝いている。　　　（「ローレライ」）

---

der Gipfel 頂上が　*des Berges* 山の　*funkelt* 輝く　*im Abendsonnenschein* 夕陽の中で

チャレンジ！　　🔊2-55

Der Gipfel des Berges funkelt
im Abendsonnenschein.

> (3) Am Brunnen vor dem Tore, da steht ein Lindenbaum.
>
> 門の前の泉のほとりに，1本の菩提樹が立っている。 (「菩提樹」)

am Brunnen 泉のすぐそばに *vor dem Tore* 門の前に ※*Tore* -e は中性単数3格の古形（以下，男性・中性で同様の例があります） *da* そこに *steht* 立っている *ein Lindenbaum* 1本の菩提樹が

チャレンジ！ 🔊2-56

Am Brunnen vor dem Tore,
da steht ein Lindenbaum.

> (4) Sie sah sich um, woher die Stimme käme, da erblickte sie einen Frosch, der seinen dicken hässlichen Kopf aus dem Wasser streckte.
>
> どこからその声がするのかと思って彼女が見回すと，太った醜い頭を水の中から突き出した1匹のカエルがいました。 (「カエルの王様」)

Sie 彼女は *sah sich um* 見回した *woher* どこから *die Stimme* 声が *käme* 来るのか（と思って） *da* そのとき *erblickte* 認めた *einen Frosch* 1匹のカエルを *der* [関] *seinen* それの *dicken* 太い *hässlichen* 醜い *Kopf* 頭を *aus dem Wasser* 水の中から *streckte* 伸ばした

チャレンジ！ 🔊2-57

Sie sah sich um,
woher die Stimme käme,
da erblickte sie einen Frosch,
der seinen dicken hässlichen Kopf aus dem Wasser streckte.

(5) »Macht auf, ihr lieben Kinder, eure Mutter ist da, und hat jedem von euch etwas mitgebracht!« Aber die Geißlein hörten an der rauhen Stimme, dass es der Wolf war. […] Da ging der Wolf fort zu einem Krämer und kaufte sich ein großes Stück Kreide; er aß es auf und machte damit seine Stimme fein.

「開けなさい、かわいい子どもたち、お母さんがお前たちそれぞれにいいものを持ってきましたよ。」でも子ヤギたちはしわがれた声を聞いて、それがオオカミだとわかりました。[…] そこでオオカミは、小売商の所へ行って大きな白墨を一つ買いました。オオカミはそれを食べて声をか細くしました。 (「七匹の子ヤギ」)

macht auf 開けなさい *ihr lieben Kinder* お前たちいとしい子どもたち ※*ihr* と同格の *Kinder* にかかる形容詞が弱変化した例 *eure Mutter* お前たちの母親が *ist da* (帰って)来た *und* そして *hat* [完] *jedem von euch* お前たちの各々に *etwas* 何か *mitgebracht* 持って来た *aber* しかし *die Geißlein* 子ヤギたちは *hörten* 聞いた *an der rauhen Stimme* しわがれた声で *dass* 〜ということを *es* それが *der Wolf* オオカミ *war* 〜であった *da* それで *ging fort* 立ち去った *zu einem Krämer* 小売商人の所へ *kaufte sich* 自分に買った *ein großes Stück Kreide* 大きなひとかたまりの白墨を *er* それ(＝オオカミ)は *aß es auf* それ(＝白墨)を平らげた *machte* した *damit* それによって *seine Stimme* それの声を *fein* か細く

チャレンジ！ 🔊2-58

»Macht auf,
ihr lieben Kinder,
eure Mutter ist da,
und hat jedem von euch etwas mitgebracht!«
Aber die Geißlein hörten an der rauhen Stimme,
dass es der Wolf war.
Da ging der Wolf fort zu einem Krämer
und kaufte sich ein großes Stück Kreide;
er aß es auf
und machte damit seine Stimme fein.

(6) Auf Flügeln des Gesanges, Herzliebchen, trag' ich dich fort. Fort nach den Fluren des Ganges, dort weiß ich den schönsten Ort.

歌の翼に乗せて，心から愛する人よ，私は君を運び去ろう。ガンジス川のほとりの野へと。そこにとても美しいところがあるのを私は知っているのです。　　　（「歌の翼に」）

auf Flügeln 翼の上に　*des Gesanges* 歌の　*Herzliebchen* 心から愛する人　*trag'* = trage 運ぶ　*ich* 私は　*dich* 君を　*fort* 去って　*nach den Fluren* 野へ　*des Ganges* ガンジス川の　*dort* そこに　*weiß* 知っている　*den schönsten Ort* 最も美しい場所を

チャレンジ！　🔊2-59

Auf Flügeln des Gesanges,
Herzliebchen, trag' ich dich fort.
Fort nach den Fluren des Ganges,
dort weiß ich den schönsten Ort.

(7) O Tannenbaum, wie treu sind deine Blätter! Du grünst nicht nur zur Sommerzeit, nein, auch im Winter, wenn es schneit.

おお，もみの木よ，お前の葉はなんと誠実なのだ！　夏だけではない，そう，雪降る冬にもお前は緑でいるのだ。　　　（「もみの木」）

o おお　*Tannenbaum* もみの木　*wie* なんと　*treu* 誠実な　*sind* 〜である　*deine Blätter* お前の葉は　*du* お前は　*grünst* 緑になる　*nicht* [否]　*nur* 〜だけ　*zur Sommerzeit* 夏の時期に　*nein* いや　*auch* 〜も　*im Winter* 冬に　*wenn es schneit* 雪が降るときに

チャレンジ！ 🔊2-60

O Tannenbaum,
wie treu sind deine Blätter!
Du grünst
nicht nur zur Sommerzeit,
nein, auch im Winter,
wenn es schneit.

---

(8) Vor einem großen Wald lebte ein Holzhacker mit seiner Frau, der
hatte nur ein einziges Kind, das war ein Mädchen von drei Jahren.

大きな森の前に一人の木こりが妻と暮らしていました。木こりには一人だけ子どもが
いて, それは3歳の女の子でした。　　　　　　　　　　　　　（「マリアの子ども」）

---

vor einem großen Wald ある大きな森の前に　*lebte* 暮らしていた　*ein Holzhacker* 一人の
木こりが　*mit seiner Frau* 彼の妻と　*der* その男は　*hatte* 持っていた　*nur* 〜だけ　*ein
einziges Kind* ただ一人の子どもを　*das* その子どもは　*war* 〜であった　*ein Mädchen von
drei Jahren* 3歳の女の子

チャレンジ！ 🔊2-61

Vor einem großen Wald
lebte ein Holzhacker mit seiner Frau,
der hatte nur ein einziges Kind,
das war ein Mädchen von drei Jahren.

(9) Knabe sprach: »Ich breche dich, Röslein auf der Heiden!« Röslein sprach: »Ich steche dich, dass du ewig denkst an mich. Und ich will's nicht leiden.«

男の子は言いました：「お前を折るよ，荒れ野のバラ！」バラは言いました：「私はお前を刺そう，お前が永遠に私を忘れないように。それに私はそんなことを許すつもりはない。」

（「野ばら」）

Knabe 男の子　*sprach* 話した　*ich* 私は　*breche* 折る　*dich* お前を　*Röslein* 小さなバラ　*auf der Heiden* 荒れ野に　*steche* 刺す　*dass* 〜するように　*du* お前が　*ewig* 永遠に　*denkst* 思う　*an mich* 私のことを　*und* そして　*will's* = will es　*will* [助] 〜するつもりだ　*es* それを　*nicht* [否]　*leiden* 我慢する, 許す

チャレンジ！　📢2-62

Knabe sprach:
»Ich breche dich, Röslein auf der Heiden!«
Röslein sprach:
»Ich steche dich, dass du ewig denkst an mich.
Und ich will's nicht leiden.«

(10) Die Jungfrau Maria blickte dem Mädchen in die Augen und sprach:
》Hast du auch nicht die dreizehnte Tür geöffnet?《 》Nein《,
antwortete es. Da legte sie ihre Hand auf sein Herz, fühlte, wie es
klopfte und klopfte, und merkte wohl, dass es ihr Gebot übertreten
und die Tür aufgeschlossen hatte.

聖乙女マリアは少女の目の中をのぞき込んで言いました：「１３番目の扉も開けな
かった？」「いいえ」と少女は答えました。そのときマリアは自分が手を当てていた
少女の心臓が，たいそうどきどきしているのを確かめました。そして少女が掟を破り，
その扉を開けてしまったことがよくわかったのです。 　　　　　（「マリアの子ども」）

die Jungfrau Maria 聖乙女マリア　*blickte dem Mädchen in die Augen* 少女の目の中をのぞき
込んだ　*und* そして　*sprach* 話した　hast [完]　*du* お前は　*auch* 〜も　*nicht* [否]　*die dreizehnte*
Tür １３番目の扉　*geöffnet* 開けた　*nein* いいえ　*antwortete* 答えた　*es* その子(＝少女)は　*da*
そのとき　*legte* 置いた　*sie* 彼女(＝マリア)は　*ihre Hand* 彼女の手を　*auf sein Herz* その子の
心臓の上に　*fühlte* 触って確かめた　*wie es klopfte und klopfte* どんなにどきどきしていたか
merkte wohl よくわかった　*dass* 〜ということを　*ihr Gebot* 彼女の命令を　*übertreten* 破った
die Tür その扉を　*aufgeschlossen* 鍵で開けた　*hatte* [完]

チャレンジ！　　🔊2-63

Die Jungfrau Maria blickte dem Mädchen in die Augen und sprach:
》Hast du auch nicht die dreizehnte Tür geöffnet?《
》Nein《, antwortete es.
Da legte sie ihre Hand auf sein Herz,
fühlte, wie es klopfte und klopfte,
und merkte wohl,
dass es ihr Gebot übertreten
und die Tür aufgeschlossen hatte.

2. 声の上げ下げに気をつける

❏ 言葉を伝えよう

声の上げ下げには句末や文末で決まったルールがありますが (☞文の発音 2, 3)，話し手の意図や感情も表し，それによって表現のニュアンスや印象，聞き手の解釈も違ってきます。また，必ずしも句読点(, . ; : ! ? など)に縛られる必要はありません。どこを区切れとして上げ下げをコントロールするか，解釈の仕方によって伝え方はさまざまです。声の調子で適切に意味を伝えましょう。

＜もう少し詳しく＞

・語や句を列挙するときや，内容的に文がいくつかのまとまりに分かれるときは (通常コンマで区切られます)，高さを保って平ら調※(→)にするか，先行する語や句，まとまりの末尾を短く上げて(↗)，まだ後が続くことを示します。　※厳密に平らなのではなく，はっきりと上げも下げもしない調子。

・主文が先行する場合，主文が疑問詞のない疑問文のときは文の最後を短く上げて，平叙文，命令文，疑問詞のある疑問文のときは平ら調にするか短く上げて，後ろの副文を続けます。

・言い終わりにはしっかり下げましょう。中途半端な高さに終わると，まだ話が終わらないように受け取られてしまう可能性があります(☞文の発音 2)。

意味をとらえ，内容を味わい，音を響かせる！

✔ 同じ文であっても，声の上げ下げの具合やポーズの入れ方 (次章参照) によって違った意味が生まれます。適切に使い分けましょう。

Du gehst nicht? (♩)	「行かないのか？」
Du gehst nicht. (↘)	「(そうか,) 行かないのか。」
Du gehst, (↘…) nicht? (♩)	「行くんだよね？」

✔ 詩や物語の情景，登場人物の心情，またその時々の話し手の意図や感情によって原則が破られることもしばしばあります。原則下降調になる疑問詞のある疑問文は，親しみや丁寧さを表して上昇調で終わることが多いようです。

朗読してみよう

　最初に例題を一読して言葉のまとまりを見つけてください。**チャレンジ！**では，声の上げ下げに気をつけながら朗読しましょう。上げ下げの目安となる矢印がついていますので，まずはその指示に従って練習してください。**[ココはこう読む]**に解釈の説明があります。慣れてきたら，いろいろな読み方を試してみましょう。

---

(1)　Nahe bei dem Schlosse des Königs lag ein großer dunkler Wald, und
　　in dem Walde unter einer alten Linde war ein Brunnen.

　　王様のお城の近くに大きな暗い森がありました。そして森の中の古い菩提樹の木の
　　下に泉がありました。　　　　　　　　　　　　　　　　　　　（「カエルの王様」）

---

nahe 近くに　*bei dem Schlosse des Königs* 王の城のそばに　*lag* 横たわっていた　*ein großer dunkler Wald* 一つの大きな暗い森が　*und* そして　*in dem Walde* 森の中に　*unter einer alten Linde* 1本の古い菩提樹の下に　*war* あった　*ein Brunnen* 一つの泉が

チャレンジ！　🔊2-64

Nahe bei dem Schlosse des Königs ↗
lag ein großer dunkler Wald, ↘
und in dem Walde → unter einer alten Linde ↗
war ein Brunnen. ↘

[ココはこう読む]

全体で一つの文ですが，二つの文から成ると解釈して1文目の終わり，最初のコンマで下降させます。どちらの文も「…(場所)に　あった　〜(主語)が」という主語後置の構文になっています。コンマはありませんが，「…に」の表現（「王様のお城の近くに」nahe bei dem Schlosse des Königs と「森の中の古い菩提樹の木の下に」in dem Walde unter einer alten Linde）の後を短く上げて区切れを入れます。in dem Walde と unter einer alten Linde は別々に ein Brunnen の場所を示すので，さらに ↗ または → で間を区切ります。

(2) Wenn sie Langeweile hatte, so nahm sie eine goldene Kugel, warf sie in die Höhe und fing sie wieder.

退屈したら，彼女は黄金の鞠を手に取り，放り上げてはまたつかんで遊びました。

（「カエルの王様」）

wenn 〜すると　*sie* 彼女が　*Langeweile hatte* 退屈していた　*so* そうすると　*nahm* 手に取った
eine goldene Kugel 一つの黄金の鞠を　*warf* 投げた　*sie* それ(=鞠)を　*in die Höhe* 高く
und そして　*fing* つかんだ　*wieder* 再び

チャレンジ！　🔊2-65

Wenn sie Langeweile hatte, ↗
so nahm sie eine goldene Kugel, →
warf sie in die Höhe ↗ und fing sie wieder. ↘

［ココはこう読む］

主文で三つの動作が描かれています。王女がまず鞠を手に取り，それから投げて遊ぶと考えて，Kugel でいったん切れ目を入れ，続く動作との違いを表します。ただし，文が終わるわけではないので，切れ目は平ら調にします。鞠を放り上げて落ちてくるのを取るという連続した動作のところでは，間にコンマはありませんが，鞠の動きを追うように短く上げて区切れを入れています。

(3) Als ich gestern im Wald bei dem Brunnen saß und spielte, da fiel meine goldene Kugel ins Wasser.

昨日森で泉のそばに座って遊んでいたとき，私の黄金の鞠が水に落ちてしまったの。

（「カエルの王様」）

als 〜したとき　*ich* 私が　*gestern* 昨日　*im Wald* 森の中で　*bei dem Brunnen* 泉のそばで　*saß* 座っていた　*und* そして　*spielte* 遊んでいた　*da* そのとき　*fiel* 落ちた　*meine goldene Kugel* 私の黄金の鞠が　*ins Wasser* 水の中へ

チャレンジ！　🔊2-66

Als ich gestern → im Wald → bei dem Brunnen saß und spielte, ↗
da fiel meine goldene Kugel → ins Wasser. ↘

[ココはこう読む]

先行する副文が長いので，内容のまとまりごとに適度に区切ります。(2)の例と異なり，二つの動作はそれぞれ動詞1語(saß, spielte)で表されているので，間(ま)を置かずひとまとめに読みます。主文では，最後の最も重要な情報 ins Wasser (水の中へ) の前で短く切ります。

(4)　»Ach Gott«, dachte sie, »sollten meine armen Kinder, die er zum Nachtmahl hinuntergewürgt hat, noch am Leben sein?«

> （オオカミに食べられてしまった子ヤギたち。母ヤギが満腹で寝ているオオカミをよく
> 見ると、お腹の中で何かがバタバタと動いているのがわかりました。）
> 「ああ何てこと、こいつが夕食として飲み下してしまった私のかわいそうな子ども
> たちは、まだ生きているんじゃないかしら？」と彼女は考えました。
>
> 　　　　　　　　　　　　　　　　　　　　　　　　（「七匹の子ヤギ」）

ach Gott ああ大変　*dachte* 考えた　*sie* 彼女は　*sollten* [助] 〜ということだろうか　*meine*
armen Kinder 私のかわいそうな子どもたちは　*die* [関]　*er* 彼(=オオカミ)　*zum Nachtmahl*
夕食として　*hinuntergewürgt* 飲み下した　*hat* [完]　*noch* まだ　*am Leben sein* 生きている

チャレンジ！　🔊2-67

»Ach Gott«, → dachte sie, →
»sollten meine armen Kinder, →
die er zum Nachtmahl hinuntergewürgt hat, →
noch am Leben sein?«↘

[ココはこう読む]

sollten から文全体が疑問詞のない疑問文の形になっています。もっとも、実際はその
答えを確信あるいは期待した自問自答の文なので、最後は上げずに下降させます。この
文は母ヤギが心の中でつぶやいた内容を表したものなので、全体に抑揚なく静かに、
ただ最後の noch am Leben sein (まだ生きている) は力強く聞かせます。

(5) In den alten Zeiten, wo das Wünschen noch geholfen hat, lebte ein König, dessen Töchter waren alle schön; aber die jüngste war so schön, dass die Sonne selber, die doch so vieles gesehen hat, sich verwunderte, sooft sie ihr ins Gesicht schien.

昔々，まだ願掛けに効き目があったころ，一人の王様がいました。その娘たちはみな美しかったのですが，末の娘はとりわけ美しく，たくさんのものを見てきたお日様すら，娘の顔を照らすたびその美しさに驚いたほどでした。 （「カエルの王様」）

in den alten Zeiten 昔の時代に　*wo* [関]　*das Wünschen* 願うことが　*noch* まだ　*geholfen* 役に立った　*hat* [完]　*lebte* 暮らしていた　*ein König* 一人の王が　*dessen Töchter* その [関] 娘たちは　*waren* ～であった　*alle* みな　*schön* 美しい　*aber* しかし　*die jüngste* 最も若い娘は　*war* ～であった　*so* それほど　*dass* その結果　*die Sonne selber* 太陽さえも　*die* [関]　*doch* まことに　*so vieles* 非常にたくさんのものを　*gesehen hat* [完] 見てきた　*sich verwunderte* 驚いた　*sooft* ～するたびに　*sie* それ(＝太陽)が　*ihr ins Gesicht schien* 彼女の顔に光が差し込んだ

チャレンジ！　◁)2-68

In den alten Zeiten, ↗
wo das Wünschen noch geholfen hat, →
lebte ein König, ↗
dessen Töchter waren alle schön; ↘
aber die jüngste war so schön, ↗
dass die Sonne selber, → die doch so vieles gesehen hat, ↗
sich verwunderte, → sooft sie ihr ins Gesicht schien. ↘

[ココはこう読む]

全体を二つに分けた読み方です。セミコロンのところでいったん内容の切れ目があると解釈し，alle schön で下降させます。前半・後半とも区切れが多いため，すべてのコンマの後で内容が続くことを示すために短く上げると，聞き手の情報処理にかかる負担が大きくなります。そこで，二つ目または三つ目のコンマを平ら調にして，音調にメリハリをつけるとともに聞き手が話についてきやすいようにします。

3. ポーズの入れ方を工夫する

❑ 言葉を伝えよう

> 書き言葉では，句読点 (，．；：！？ など) が内容の切れ目や終わりを示します。文章を読み聞かせる場合，句読点はポーズ（「間」(ま)）の目安に過ぎません。句読点があってもポーズを入れない方がよいこともあれば，句読点がなくても気持ち間(ま)を置いた方がよいこともあります。ポーズの有無やその位置は意味の伝達に大きくかかわります。ポーズをうまく使って効果的な話し方を演出しましょう。

＜もう少し詳しく＞

・話し言葉では，話し手は任意にポーズを入れて，意味上の区切りを示したり息継ぎをしたりします。
・話の展開の中で，一瞬緊張感をもたらしたり高めたりするためにポーズが使われることもあります。何か事が起こる直前や結果を話す直前に一瞬間(ま)を置いて，いわば聞き手をじらすのです。
・このようなポーズと似た働きをするものに「伸長アクセント」があります。強調したり緊張を生み出したりするために，長母音はさらに長く発音します。短母音は原則的に伸ばすことはできませんが，前後に共鳴や摩擦を伴う子音があればこれを長めに発音して(共鳴・摩擦にかける時間を伸ばして)，伸長アクセントをつけることもできます(*n*ein!, *w*as?)。多用はせず，効果的に使いましょう。

意味をとらえ，内容を味わい，音を響かせる！

✔ 聞き手は耳から次々に入ってくる情報をすばやく処理し，内容を理解します。ポーズは何の音もない瞬間ですが，この「間(ま)」が聞き手の理解を助けます。
✔ 文章を見ながら読むと，早口になってしまいがちです。十分な間(ま)を取るためにもなるべく顔を上げ，聞き手に語りかけるようにしましょう。

朗読してみよう

　最初に例題を一読して言葉のまとまりを見つけてください。**チャレンジ！**では，ポーズの入れ方に気をつけながら朗読しましょう。上げ下げ，ポーズの目安となる矢印がついていますので，まずはその指示に従って練習してください。上げ下げ，平らの矢印が１本のときはコンと一度机を叩く程度のポーズを入れて，２本のときは一度顔を上げて聞き手を見る程度のポーズを入れて読みましょう。[**ココはこう読む**]に解釈の説明があります。慣れてきたら，いろいろな読み方を試してみましょう。

---

(1) Die Königstochter folgte ihr mit den Augen nach, aber die Kugel verschwand, und der Brunnen war tief, so tief, dass man keinen Grund sah.

　王女は目で鞠を追いましたが，鞠は見えなくなってしまいました。そして泉は，底がまったく見えないほどとても深かったのです。 (「カエルの王様」)

---

die Königstochter その王女は　*folgte ihr...nach* それ(＝鞠)の後を追った　*mit den Augen* 目で　*aber* しかし　*die Kugel* その鞠は　*verschwand* 見えなくなった　*und* そして　*der Brunnen* その泉は　*war* ～であった　*tief* 深い　*so* それほど　*dass* その結果　*man* 人は　*keinen Grund sah* まったく底が見えなかった

チャレンジ！　🔊2-69

Die Königstochter folgte ihr mit den Augen nach, ↗
aber die Kugel verschwand, ↘
und der Brunnen war tief, → →
so tief, dass man keinen Grund sah. ↘↘

[ココはこう読む]

出来事を述べたところでいったん切れ目を入れ，下降させます。tief, so tief, dass...では２か所コンマがありますが，soとdassは呼応関係にあるので切らずにひと息に読みます。最初の tief で一瞬ためて間(ま)を取ってから so tief に続けると効果的に強調できます。

(2) Da kam noch ein Kind und bat um ein Hemdlein, und das fromme
Mädchen dachte: »Es ist dunkle Nacht, da sieht dich niemand, du
kannst wohl dein Hemd weggeben«, und zog das Hemd ab und gab
es auch noch hin.

> （両親を亡くし住む家もなくなった善良で敬虔な少女。神を信じて野を行くと，次々に貧しい
> 者と行き逢って身につけているものを乞われ，それを与えてしまいます。）
> そこにまた一人子どもが来て，肌着を乞い求めました。その敬虔な少女は考えました：
> 「暗い夜。誰もお前を見やしない。肌着をあげてしまってもきっと大丈夫。」そして肌着
> を脱ぎ取り，それも差し出してしまいました。　　　　　　　　　　　　（「星の銀貨」）

da そのとき　*kam* 来た　*noch* さらに　*ein Kind* 一人の子どもが　*bat um ein Hemdlein* 1枚の
肌着を求めた　*das fromme Mädchen* その敬虔な少女は　*dachte* 考えた　*Es ist dunkle Nacht*
暗い夜だ　*da* そこで　*sieht* 見る　*dich* お前を　*niemand* 誰も〜ない　*du* お前は　*kannst* [助]
〜できる　*wohl* きっと　*dein Hemd* お前の肌着を　*weggeben* 手放す　*zog das Hemd ab* その
肌着を脱ぎ取った　*gab...hin* 引き渡した　*es* それを　*auch* 〜も　*noch* さらに

チャレンジ！　◁🔊₂₋₇₀

Da kam noch ein Kind → und bat um ein Hemdlein, ↘
und das fromme Mädchen dachte: →
»Es ist dunkle Nacht, → da sieht dich niemand, ↘
du kannst wohl dein Hemd weggeben«, ↘↘
und zog das Hemd ab ↗ und gab es auch noch hin. ↘↘

[ココはこう読む]

肌着まで脱いで与えてしまうことに少女はさすがに躊躇しますが，それでも差し出すこと
にします。少女が頭の中で考えたことと肌着を脱いだことを述べる文をつなぐ und の
前で十分に間(ま)を取ることで，その決意の瞬間を効果的に表現します。und に伸長アク
セントをつけるのもよいでしょう。

(3) »Zeig uns zuerst deine Pfote, damit wir wissen, dass du unser liebes Mütterchen bist.« Da legte der Wolf die Pfote ins Fenster, und als sie sahen, dass sie weiß war, so glaubten sie, es wäre alles wahr, was er sagte, und machten die Tür auf. Wer aber hereinkam, war der Wolf.

> (母ヤギを装ってやって来たオオカミを，子ヤギたちはそのしわがれた声で見破ります。オオカミ
> は次に声を変えて呼びかけますが，その黒い足で見破られます。そこでオオカミは前足に小麦粉
> を塗って三たび現れました。)
> 「お母さんだってわかるようにまず足を見せてよ。」それでオオカミは足を窓に差し入れ
> ました。足が白いのを見て子ヤギたちはオオカミが言ったことを本当だと思ってしまい，
> 戸を開けてしまいました。しかし，入って来たのはオオカミだったのです。

(「七匹の子ヤギ」)

zeig 見せろ *uns* 私たちに *zuerst* 最初に *deine Pfote* お前の足を *damit* ～するために *wir* 私たちが *wissen* わかる *dass* ～ということを *du* お前が *unser liebes Mütterchen* 私たちの大好きなお母ちゃん *bist* ～である *da* それで *legte* 置いた *der Wolf* オオカミは *ins Fenster* 窓の中へ *und* そして *als* ～したとき *sie* 彼らが *sahen* 見た *dass* ～ということを *sie* それ(＝足)が *weiß* 白い *war* ～であった *so* それで *glaubten* 信じた *sie* 彼らは *es* [予示] *wäre alles wahr* すべて本当ではないか *was* [関] ～ことは *er sagte* 彼が言った *machten die Tür auf* 戸を開けた *wer* [関] ～者は *aber* しかし *hereinkam* 入って来た

チャレンジ！　◁»2-71

»Zeig uns zuerst deine Pfote, →
damit wir wissen, dass du unser liebes Mütterchen bist.« ↘↗
Da legte der Wolf die Pfote ins Fenster, ↘
und als sie sahen, dass sie weiß war, →
so glaubten sie, → es wäre alles wahr, was er sagte, ↘
und machten die Tür → auf. ↘↗
Wer aber hereink<u>a</u>m, ↗↗ w<u>a</u>r der Wolf. ↘↗

132

［ココはこう読む］

子ヤギたちがオオカミにだまされて戸を開けてしまう瞬間を, auf (開けた) の前後に
たっぷり間(ま)を取ることで臨場感豊かに表します。また「...したのは～だった」という
強調構文に合わせ, hereinkam の後に長めのポーズを入れます。hereinkam の kam に
伸長アクセントをつけます(下線部)。最後の war der Wolf の war にも伸長アクセントを
つけてゆっくり低い声で発音し, 子ヤギたちの驚きと恐怖を表現します。この終盤部を
際立たせるため, その前の部分はコンマがあってもポーズを入れず (主文と dass 文の間
など), テンポよく聞かせます。

---

(4)　In den alten Zeiten, wo das Wünschen noch geholfen hat, lebte ein
König, dessen Töchter waren alle schön; aber die jüngste war so
schön, dass die Sonne selber, die doch so vieles gesehen hat, sich
verwunderte, sooft sie ihr ins Gesicht schien.

昔々, まだ願掛けに効き目があったころ, 一人の王様がいました。その娘たちはみな美し
かったのですが, 末の娘はとりわけ美しく, たくさんのものを見てきたお日様すら, 娘の顔を
照らすたびその美しさに驚いたほどでした。　　　　　　　　　　　（「カエルの王様」）

※語彙は「文章の発音 2 朗読してみよう(5)」参照。

チャレンジ！　　🔊2-72

In den alten Zeiten, ↗

wo das Wünschen noch geholfen hat, ↗

lebte ein König, → dessen Töchter waren alle schön; ↘↗

aber die jüngste war s<u>o</u> schön, ↗

dass die Sonne selber, → die doch so vieles gesehen hat, ↗

sich verwunderte, → sooft sie ihr ins Gesicht schien. ↘↗

［ココはこう読む］

物語の主人公である末の娘の美しさを驚きとともに強調した読み方です。まずはその主人公に言及する直前，導入部が終わったところでいったんポーズを入れます。そしてso schön（それほどまでに美しい）のso に伸長アクセントをつけて，聞き手に娘の美しさを印象づけます。

さらに die jüngste の後で一瞬間(ま)を置くと，より印象的になります。「でも末の娘の美しさといったら…！ お日様が娘の顔を照らすたびにびっくりしてしまうほどだったのです。」といった感じでしょうか。

---

(5) a) Der Müller dachte: »Der Wolf will einen betrügen«, und weigerte sich; aber der Wolf sprach: »Wenn du es nicht tust, fresse ich dich!« Da fürchtete sich der Müller und machte ihm die Pfote weiß. Ja, so sind die Menschen.

　　　「このオオカミは誰かをだますつもりだ」，粉屋はそう考えて (オオカミの足に小麦粉を振りかけてやることを) 拒みました。するとオオカミは言いました：「やらないならお前を食ってしまうぞ。」粉屋は怖がってオオカミの足を白くしてやりました。まったく，人間とはそういうものなのです。　　　　　　　（「七匹の子ヤギ」）

---

der Müller その粉屋は　*dachte* 考えた　*der Wolf* そのオオカミは　*will* [助] 〜するつもりだ
einen 誰かを　*betrügen* だます　*und* そして　*weigerte sich* 拒んだ　*aber* しかし　*sprach* 言った　*wenn* もし〜ならば　*du* お前が　*es* それを　*nicht* [否] *tust* する　*fresse* 食べる
ich 私は　*dich* お前を　*da* それで　*fürchtete sich* 怖がった　*machte ihm die Pfote weiß*
それの足を白くした　*ja* まさに　*so* そのような　*sind* 〜である　*die Menschen* 人間は

(5) b) ... und es erzählte ihr, dass der Wolf gekommen wäre und die
anderen alle gefressen hätte. Da könnt ihr denken, wie sie über
ihre armen Kinder geweint hat!

> （母ヤギの留守中にオオカミに襲われた子ヤギたち。柱時計の中に隠れた末の子ヤギだけが
> 難を逃れました。）
> オオカミがやって来て, 他の子ヤギたちをみんな食べてしまったのだと, 末の子ヤギ
> は母ヤギに話しました。哀れな子どもたちを思ってどれほど母ヤギが泣いたことか,
> みなさん想像がつくでしょう！　　　　　　　　　　　　　　　　（「七匹の子ヤギ」）

und そして　*es* それ(＝一番幼い子ヤギ)は　*erzählte* 話した　*ihr* 彼女(＝母ヤギ)に　*dass* 〜という
ことを　*der Wolf* オオカミが　*gekommen wäre* [完] 来た　*die anderen alle* 他の (子ヤギ)
すべてを　*gefressen hätte* [完] 食べた　*da* ほら　*könnt* [助] 〜できる　*ihr* 君たちは　*denken*
考える　*wie* どのくらい　*sie* 彼女が　*über ihre armen Kinder* 彼女の哀れな子どもたちのことで
geweint hat [完] 泣いた

チャレンジ！　🔊2-73, 74

a) Der Müller dachte: → »Der Wolf will einen betrügen«, ↘
und weigerte sich; ↘
aber der Wolf sprach: →
»Wenn du es **nicht** t*u*st, ↗ fresse ich dich!« ↘
Da fürchtete sich der Müller →
und machte ihm die Pfote weiß. ↘↘
Ja, → s*o* sind die Menschen. ↘↘

b) ...und es erzählte ihr, ↗ dass der Wolf gekommen wäre →
und die anderen alle gefressen hätte. ↘↘
Da könnt ihr denken, →
wie sie über ihre **armen** Kinder geweint hat! ↘↘

［ココはこう読む］

a) の 1 行目 Der Wolf will einen betrügen は粉屋が考えた内容です。次のコンマに続く und は述語 dachte と weigerte sich を結びます。weigerte sich は betrügen に接続するのではないため，betrügen の後，下降させるか平ら調にして内容の切れ目を示します。オオカミが粉屋を脅すところでは nicht を強く言い (太字部)，tust に伸長アクセントをつけて凄みを利かせるようにすると，fresse ich dich! (お前を食ってしまうぞ) が効果的に響きます。

どちらの文章でも最後に話し手が語りを止めて，聞き手に直接話を向けています。聞き手がそれとわかるように，前の文との間にたっぷり間(ま)を置いて聞き手を見渡し，a)では諭すように，あるいはおどけて (例えば so「そういうものだ」に伸長アクセントをつけてその内容を考えさせるようにします)，b)では問いかけるように (armen を強調して同情を誘うようにするのもいいでしょう)，しっかり聞かせます。再び語りに入る次の文との間にも十分間(ま)を取りましょう。

4. 声の大きさや速さを調節する

❏ 言葉を伝えよう

> 話の中にしっかり伝えたい情報がある場合は，その部分を際立たせた発音をします(☞文の発音４)。ふつう他の部分より大きな声で強く発音したり，強調してゆっくり発音したりしますが，あえて小声や早口にした方が効果的な場合もあります。解釈によって強調の仕方もいろいろです。伝え方を工夫しましょう。

＜もう少し詳しく＞

・詩や物語を朗読する場合は，解釈に合わせて音量やスピードを調節すると，情景や登場人物の心情を効果的に描写することができます。
・音のまとまりやリズムを守ることを優先した方がよい場合もあります (☞ 5.韻律を意識する)。

意味をとらえ，内容を味わい，音を響かせる！

✔ ある部分を際立たせたい場合，むやみに大きな声で言えばいいというものではありません。他の部分とのバランスを考えて発音しましょう。
✔ 大きい声でゆっくり言う，強くすばやく言う，小声でこっそり教えるように言うなど，解釈を語りに生かし，伝え方にメリハリをつけましょう。
✔ 緊張すると早口になりがちです。ゆったりとかまえて話しましょう。どこをどのように読むか，テキストにあらかじめ書き込んでおくのもおすすめの方法です。

朗読してみよう

　最初に例題を一読して言葉のまとまりを見つけてください。**チャレンジ！** では，声の大きさや速さに気をつけながら朗読しましょう。太字のところは強く読みます。他に「声を大きく」，「声を小さく」，「ゆっくり」，「速く」の指示があります。まずは指示に従って練習してください。[**ココはこう読む**] に解釈の説明があります。慣れてきたら，いろいろな読み方を試してみましょう。

---

(1) Da begegnete ihm ein armer Mann, der sprach: »Ach, gib mir etwas zu essen, ich bin so hungrig«. Es reichte ihm das ganze Stückchen Brot und sagte: »Gott segne dir's«, und ging weiter.

> （両親を亡くし住む家もない少女は，着の身着のまま，ひとかけらのパンを手に持って野にさまよい出て行きます。）
> そのとき一人の貧しい男が少女に出くわしました。その男は言いました：「ああ，何か食べるものをくれないか。とても腹が減っているんだ。」少女はパンのかけらをそのまま全部男に差し出して言いました：「あなたに神のお恵みです。」そして歩き続けました。
>
> （「星の銀貨」）

---

da そのとき　*begegnete* 出くわした　*ihm* その子（＝少女）に　*ein armer Mann* 一人の貧しい男が　*der* その者は　*sprach* 話した　*ach* ああ　*gib* 与えてくれ　*mir* 私に　*etwas zu essen* 何か食べるもの　*ich* 私は　*bin* ～である　*so* とても　*hungrig* 空腹の　*es* その子は　*reichte* 差し出した　*ihm* 彼に　*das ganze Stückchen Brot* そのパンのかけら全部を　*und* そして　*sagte* 言った　*Gott segne dir's* 神が汝にそれをお恵みくださいますように　*ging weiter* 先に進んだ

チャレンジ！　🔊2-75

Da begegnete ihm ein armer Mann, der sprach:
»Ach, gib mir etwas zu essen, ich bin **so** hungrig«.
Es reichte ihm das **ganze** Stückchen Brot und sagte:
»Gott segne dir's«,
und ging weiter.

［ココはこう読む］

空腹でたまらない男の気持ちを表現して so を強めに発音します。ただし弱った様子を表して，男の言葉は全体に弱々しいしゃがれ声で言ってみるのもよいでしょう。男の要求に，少女は持っていたパンの「すべて」（ganze）を差し出してしまいます。少女の言葉は，優しく透明感のある声で話しましょう。

---

(2) »Ach ja≪, sagte sie, »ich verspreche dir alles, was du willst, wenn du mir nur die Kugel wieder bringst≪. Sie dachte aber： »Was der einfältige Frosch schwätzt! Der sitzt im Wasser bei seinesgleichen und quakt und kann keines Menschen Geselle sein≪.

（カエルは水の中に落ちてしまった鞠を取ってやる代償として，王女と友達になって寝食を共にすることを求めました。）
「ああ，いいわよ。」王女は言いました。「鞠さえ取ってきてくれたら，お前の望むことを何でも約束してあげる。」でも王女は考えていました：「単純なカエルが何をぺちゃくちゃしゃべっているのよ！似たような仲間と水に座ってガアガア鳴いていればいい。人間の友達になれるわけないじゃない。」　　　　　　　　　　　　　　　（「カエルの王様」）

---

ach ja ああもちろん　*sagte* 言った　*sie* 彼女は　*ich* 私は　*verspreche* 約束する　*dir* お前に　*alles* すべてを　*was* [関]　*du willst* お前が欲すること　*wenn* もし～ならば　*mir* 私に　*nur* ただ～だけ　*die Kugel* その鞠を　*wieder* 再び　*bringst* 持ってくる　*dachte* 考えた　*aber* しかし　*was* 何を　*der einfältige Frosch* この単純なカエルが　*schwätzt* おしゃべりする　*der* あれは　*sitzt* 座っている　*im Wasser* 水の中で　*bei seinesgleichen* それと同じ類いのもののそばで　*und* そして　*quakt* ガアガア鳴く　*kann* [助]　～できる　*keines Menschen Geselle sein* いかなる人間の仲間でもない

チャレンジ！ 🔊2-76

»Ach ja«, *声を大きく・ゆっくり*

sagte sie,

»ich verspreche dir alles, was du willst, wenn du mir nur die Kugel wieder bringst«. *声を大きく・ゆっくり*

Sie dachte aber:

»Was der einfältige Frosch schwätzt! *声を小さく・速く*
Der sitzt im Wasser bei seinesgleichen und quakt und kann keines Menschen Geselle sein«. *声を小さく・速く*

［ココはこう読む］
泉の縁に立つ王女と水面に顔を出したカエルの会話です。距離があるので，王女は大きな声でゆっくり応じます。一方，王女が内心をつぶやくところでは，苛立ちを込めて一気に小声で早口に言いましょう。

(3) a) »Ach, lieber Vater, als ich gestern im Wald bei dem Brunnen saß
und spielte, da fiel meine goldene Kugel ins Wasser. Und weil ich
so weinte, hat sie der Frosch wieder heraufgeholt, und weil er es
durchaus verlangte, so versprach ich ihm, er sollte mein Geselle
werden; ich dachte aber nimmermehr, dass er aus seinem Wasser
herauskönnte.«[…] Da sagte der König: »Was du versprochen hast,
das musst du auch halten«.

（王女はカエルが本当にやって来たことに驚き，怖がります。王様は理由を尋ねます。）
「ああ，お父様，昨日森で泉のそばに座って遊んでいたとき，私の黄金の鞠が水に落ち
てしまったの。私がすごく泣いたものだから，あのカエルが鞠を取ってきてくれて，
それであれがどうしてもってせがむから，友達にしてあげるって約束したの。でも
水の外へ出て来られるなんて思いもしなかった。」[…] そのとき王様は言いました：
「約束したことは守らなければいけないよ。」　　　　　　　　　（「カエルの王様」）

ach ああ　*lieber Vater* 大好きなお父さん　*als* ～したとき　*ich* 私が　*gestern* 昨日　*im Wald*
森の中で　*bei dem Brunnen* 泉のそばで　*saß und spielte* 座って遊んでいた　*da* そのとき　*fiel*
落ちた　*meine goldene Kugel* 私の黄金の鞠が　*ins Wasser* 水の中に　*und* そして　*weil* ～ので
so とても　*weinte* 泣いた　*hat* [完]　*sie* それ(＝鞠)を　*der Frosch* そのカエルが　*wieder* 再び
heraufgeholt 上へ取ってきた　*er* それ(＝カエル)が　*es* [予示] それを　*durchaus*　どうしても
verlangte 要求した　*so* それで　*versprach* 約束した　*ihm*　それ(＝カエル)に　*sollte* [助] ～して
よい　*mein Geselle* 私の仲間　*werden* ～になる　*dachte* 考えた　*aber* しかし　*nimmermehr*
決して～ない　*dass* ～ということを　*aus seinem Wasser* それの(住む)水の中から　*herauskönnte*
外へ出て来られる　*sagte* 言った　*der König* 王が　*was* [関] *du versprochen hast* [完] お前が
約束したことは　*das* それを　*musst* [助] ～ねばならない　*auch* 同じく　*halten* 守る

(3) b) Die Königstochter fing an zu weinen und fürchtete sich vor dem kalten Frosch, den sie nicht anzurühren getraute, und der nun in ihrem schönen reinen Bettlein schlafen sollte. Der König aber ward zornig und sprach: »Wer dir geholfen hat, als du in der Not warst, den sollst du hernach nicht verachten«.

(王女と一緒に食事をしてお腹がいっぱいになったカエルは，今度はベッドで一緒に寝ようと言い出しました。)

王女は泣き出し，冷たいカエルを怖がりました。そんなものに触る勇気もないのに，それが今や彼女のすばらしい清潔なベッドで眠るというのです。しかし王様は怒って言いました：「困っているときに助けてくれた者を，後になってさげすむものではない。」

(「カエルの王様」)

die Königstochter 王女は fing an zu weinen 泣き始めた und そして fürchtete sich 怖がった vor dem kalten Frosch 冷たいカエルを den [関] それを sie 彼女は nicht [否] anzurühren getraute 触る勇気がなかった der [関] それは nun 今 in ihrem schönen reinen Bettlein 彼女のすばらしい清潔なベッドで schlafen 眠る sollte [助] ～すると言っている der König 王は aber しかし ward zornig 怒った sprach 話した wer [関] dir geholfen hat お前を助けた者は als ～したとき du お前が in der Not warst 窮地にいた den その者を sollst [助] ～すべきだ hernach 後になって nicht [否] verachten さげすむ

チャレンジ！ 📢2-77, 78

a) »Ach, lieber Vater,

als ich gestern im Wald bei dem Brunnen saß und spielte,
da fiel meine goldene Kugel ins Wasser. *速く*
Und weil ich so weinte,
hat sie der Frosch wieder heraufgeholt,
und weil er es durchaus verlangte,
so versprach ich ihm, er sollte mein Geselle werden; *速く*
ich dachte aber nimmermehr, dass er aus seinem Wasser herauskönnte.« *速く*

Da sagte der König:

»Was du versprochen hast, das musst du auch halten«. *ゆっくり*

b) Die Königstochter fing an zu weinen
und fürchtete sich vor dem kalten Frosch,
den sie nicht anzurühren getraute,
und der nun in ihrem schönen reinen Bettlein schlafen sollte.
Der König aber ward zornig und sprach:

»**Wer dir geholfen hat, als du in der Not warst,
den sollst du hernach nicht verachten**«. *声を大きく・ゆっくり*

［ココはこう読む］

王(父)と王女(娘)の会話です。おびえた様子の王女を見た王は，カエルの来訪の理由を問います。後ろめたいところのある王女の説明の部分は，やや早口にまくしたてるように話します。一方，王の言葉は娘に説いて聞かせる父の心情を表して，ゆったり穏やかに聞かせましょう。しかし，助けてくれたカエルをさげすんで泣き出した王女に，王は怒りをあらわにします。娘を叱る王の言葉は，音量を上げ強くはっきりと発音しましょう。

143

(4) Am andern Morgen, als das Kind nicht zu finden war, ging ein
Gemurmel unter den Leuten, die Königin wäre eine Menschenfresserin
und hätte ihr eigenes Kind umgebracht.

> （かつて禁じられた扉を開けてしまったことを王妃が認めようとしないため，聖乙女マリアは
> 生まれたばかりの王妃の子どもを天に連れ去ってしまいました。）
> 翌朝，子どもが見つからず，人々の間では，王妃は人食い女で自分の子を殺してしまったの
> ではないかというささやきが聞かれました。　　　　　　　　　（「マリアの子ども」）

Am Morgen, als das Kind abermals verschwunden war, sagten die
Leute ganz laut, die Königin hätte es verschlungen.

> （王妃に二人目の子どもが生まれたとき，マリアが再び現れて罪を認めるかどうか尋ねます。
> 王妃は認めず，マリアはその子どもも連れ去ってしまいました。）
> 朝になって，子どもがまたしても消えてしまっていたとき，王妃がその子を食べてしまった
> のだ，と人々はかなり声を上げて言いました。　　　　　　　　（「マリアの子ども」）

Am andern Morgen, als es ruchbar ward, riefen alle Leute laut:»Die
Königin ist eine Menschenfresserin, sie muss verurteilt werden!«

> （三人目の子どもが生まれたときも王妃は罪を認めようとせず，マリアは再度子どもを取り
> 上げてしまいました。）
> 翌朝，それが知れ渡ったとき，すべての者が大声で叫びました：「王妃は人食い女だ。
> 断罪しろ！」　　　　　　　　　　　　　　　　　　　　　　　（「マリアの子ども」）

---

am andern Morgen その次の朝に　*als* 〜したとき　*das Kind* その子どもが　*nicht zu finden war* 見つからなかった　*ging* 行き交った　*ein Gemurmel* あるつぶやきが　*unter den Leuten* 人々の間で　*die Königin* 王妃は　*wäre* 〜ではないか　*eine Menschenfresserin* 人食い女　*und* そして　*hätte* 〜したのではないか　*ihr eigenes Kind* 彼女自身の子どもを　*umgebracht* 殺した　*am Morgen* 朝に　*abermals* 再び　*verschwunden* 消えた　*war* [完]　*sagten* 言った　*die Leute*

人々は *ganz* かなり *laut* 大声で *es* その子を *verschlungen* むさぼり食べた *es* そのことが *ruchbar ward* 知れ渡った *ward* = wurde *riefen* 叫んだ *alle Leute* すべての人々が *ist* ～である *sie* 彼女は *muss* [助] ～ねばならない *verurteilt werden* 有罪の判決を下される

チャレンジ！　◁》2-79

Am andern Morgen, als das Kind nicht zu finden war,
ging ein Gemurmel unter den Leuten,
die Königin wäre eine Menschenfresserin
und hätte ihr eigenes Kind umgebracht.

――――――――――

Am Morgen, als das Kind abermals verschwunden war,
sagten die Leute ganz laut,
die Königin hätte es verschlungen.

――――――――――

Am andern Morgen, als es ruchbar ward,
riefen alle Leute laut:

»**Die Königin ist eine Menschenfresserin,**
sie muss verurteilt werden!« **声を大きく**

［ココはこう読む］

「王妃が自分の子どもを食べてしまった」という最初は憶測に過ぎなかった噂が，二度三度と同じことが起こったことで信憑性を得て，人々の間で公然と主張されるようになっていきます。3度目の出来事の後では人々の主張が直接引用の形を取っていますので，王子(王女)を何度も失った人々の怒りを表して，声を荒げるように大きな声でしっかりと強く発音します。前段，中段の間接法による語りでも，聞き手を意識して人々の主張の部分「王妃は人食い女で自分の子を殺めてしまった」「王妃がその子を食べてしまった」で音量を変えると (前段では小さく，中段ではやや大きく)，メリハリがつきます。

145

(5) … und es war so arm, dass es kein Kämmerchen mehr hatte, darin zu
wohnen, und kein Bettchen mehr, darin zu schlafen, und endlich gar
nichts mehr als die Kleider auf dem Leib und ein Stückchen Brot in
der Hand, das ihm ein mitleidiges Herz geschenkt hatte. Es war aber
gut und fromm.

（すでに両親を亡くした極貧の少女がいました。）
その少女は大層貧しく、もはや住めるような小屋も横になれる寝床もありませんでした。
そしてついには身につけていた衣服と、同情した人からもらった手に持ったひとかけらの
パン以外何もなくなってしまいました。それでもその少女は善良で敬虔だったのです。

（「星の銀貨」）

und そして　*es* その子(=少女)は　*war* ～であった　*so* 非常に　*arm* 貧しい　*dass* その結果
kein Kämmerchen mehr もうどんな部屋もない　*hatte* 持っていた　*darin zu wohnen* その中に
住むための　*kein Bettchen mehr* もうどんな寝台もない　*darin zu schlafen* その中で眠るための
endlich ついには　*gar nichts mehr* もうまったく何もない　*als* ～よりほか　*die Kleider* 衣服
auf dem Leib 身にまとった　*ein Stückchen Brot* ひとかけらのパン　*in der Hand* 手の中の
das [関]　*ihm* その子に　*ein mitleidiges Herz* 一人の同情的な心の人が　*geschenkt hatte* [完]
贈った　*aber* しかし　*gut* 善良な　*fromm* 敬虔な

チャレンジ！ 📢2-80

…und es war **so arm**,
dass es kein Kämmerchen mehr hatte, darin zu wohnen,
und kein Bettchen mehr, darin zu schlafen,
und endlich gar nichts mehr als die Kleider auf dem Leib
und ein Stückchen Brot in der Hand,
das ihm ein mitleidiges Herz geschenkt hatte.

Es war aber **gut** und **fromm**. ゆっくり

[**ココはこう読む**]

究極的に貧しいけれど，神を信じ善行を積むことによって少女は救われ，その後幸福な人生を送ります。まず so arm を強調し，いかに貧しいかを示す dass 以下の部分は途中ポーズを入れずひと息に読み上げます。そして十分に間(ま)を置いて，この物語のテーマであり結末を示唆する少女の性質を述べた一文をゆったりと読みます。キーワードとなる言葉 gut と fromm は強めに発音しましょう。

5. 韻律を意識する

❑ 言葉を伝えよう

> 　ドイツ語の文には，「弱強・弱強…」，「強弱・強弱…」，「弱弱強・弱弱強…」など
> のリズム・パターンがあります。「弱」部では母音が多かれ少なかれあいまい化
> して，ふつう速く発音されます。脚韻や頭韻では，意味や品詞など語としては
> 関係のない言葉どうしが詩文の中で結び付けられ，新鮮な響きやリズムを生み
> 出します。詩文全体の韻律を意識して発音しましょう。
> 　物語などでも同じ語，同種の語の繰り返しなど言葉遊び的要素がある場合，
> その部分を意識して速度や音量を操作すると，楽しいリズムが生まれます。

＜もう少し詳しく＞

・ドイツ語では「冠詞と名詞」，「前置詞と名詞」，「副詞と形容詞」など，後ろの語が主要素
　となる組み合わせが特徴的であることから，「弱強・弱強…」のパターンが多くなって
　います。
・詩文では，「韻を踏む」といって同一または類似の音を規則的に配置することがあります。
　行末の音を揃えるのを「脚韻」，行頭の音を揃えるのを「頭韻」といいます。
・ドイツ語では語形変化や品詞転換に伴う決まった接尾辞が豊富にあるため，行末を
　揃える脚韻が多く見られます。

意味をとらえ，内容を味わい，音を響かせる！

✔ 日本語では，「子音＋母音」の音節（＝仮名）が基本的に同じ強さで平坦に並び
　ます。そのため，日本語話者はドイツ語の弱音部分も無意識にきちんと発音して
　しまう傾向があります。弱音部分は意識して抑え気味に発音しましょう。

✔ 歌の歌詞では，しばしば音の調和的な美しさを求めて，同一または類似の音を含む
　語が一定の間隔で繰り返し使われます。韻を味わい，楽しみながら歌いましょう。

朗読してみよう

　最初に例題を一読して言葉のまとまりを見つけてください。**チャレンジ！**では，韻律を意識しながら朗読しましょう。(1)～(3)では，下線部/波線部は押韻により韻律が整えられているところを示しています。強弱アクセント表示の見方は，「文の発音1」を参照してください。

---

(1) Die schönste Jungfrau sitzet dort oben wunderbar. Ihr gold'nes
    Geschmeide blitzet. Sie kämmt ihr gold'nes Haar.

　　この上もなく美しい乙女があの上で見事なさまで座っている。黄金の装身具が
　　光り輝き，彼女は黄金色の髪を梳いている。　　　　　　　　　（「ローレライ」）

---

die schönste Jungfrau 非常に美しい乙女が　*sitzet* = sitzt 座っている　*dort* あそこに　*oben*
上に　*wunderbar* すばらしく　*ihr gold'nes* (= goldenes) *Geschmeide* 彼女の黄金の装身具が
blitzet 光っている　*sie* 彼女は　*kämmt* 櫛で梳く　*ihr gold'nes Haar* 彼女の黄金の髪を

チャレンジ！　◁)2-81

　○　　　○　○　○　　　○　●　○
Die　schönste　Jungfrau　sitzet

　○　　○　○　　　●　　○　○
dort　oben　wunderbar.

　○　　○　　　○　　○　　　○　○　●　○
Ihr　gold'nes　Geschmeide　blitzet,

　○　　○　　　○　　○　　○　　●
Sie　kämmt　ihr　gold'nes　Haar.

149

(2) Ich träumt' in seinem Schatten so manchen süßen Traum.
Ich schnitt in seine Rinde so manches liebe Wort.

私はその木陰でたくさんの甘い夢をみた。私はその幹にたくさんの愛の言葉を
刻んだ。　　　　　　　　　　　　　　　　　　　　　　　　　（「菩提樹」）

ich 私は　*träumt'* = träumte 夢見た　*in seinem Schatten* その木の陰の中で　*so* とても
manchen süßen Traum たくさんの甘い夢を　*schnitt* 刻んだ　*in seine Rinde* その木の幹に
manches liebe Wort たくさんの愛らしい言葉を

チャレンジ！　🔊2-82

o 　 O 　 o 　 o o 　 　 O o
Ich träumt' in seinem Schatten

o 　 O 　 o 　 O o 　 ●
so manchen süßen Traum.

o 　 　 O o 　 o o 　 O 　 o
Ich schnitt in seine Rinde

o 　 O 　 o 　 O o 　 ●
so manches liebe Wort.

(3) Sah ein Knab' ein Röslein steh'n, Röslein auf der Heiden, war so jung und morgenschön, lief er schnell, es nah' zu seh'n, sah's mit vielen Freuden.

一人の男の子が小さなバラが一輪立っているのを見た。荒れ野のバラ。若々しく，朝のように美しかった。近くで見ようとその子は走り寄り，大喜びでそれを見た。

(「野ばら」)

sah 見た　*ein Knab'* (= Knabe) 一人の男の子が　*ein Röslein* 1本の小さなバラが　*steh'n* = stehen 立っている　*auf der Heiden* 荒れ野の　*war* 〜であった　*so* とても　*jung* 若い　*morgenschön* 朝のように美しい　*lief* 走った　*er* 彼は　*schnell* 急いで　*es* それを　*nah'* = nahe 近くで　*zu seh'n* (= sehen) 見るために　*sah's* = sah es　*mit vielen Freuden* 大喜びで

チャレンジ！　🔊2-83

● ○　　○　○　　○ ○　　　○
Sah ein Knab' ein Röslein steh'n,

● ○　○　○　　○ ○
Röslein auf der Heiden,

● ○ ○　○　　○ ○　　○
war so jung und morgenschön,

● ○　　○ ○　○　○ ○
lief er schnell, es nah' zu seh'n.

● ○　○ ○　　○ ○
sah's mit vielen Freuden.

※ 倒置の構文が使われており，強調によって各行の最初の語がアクセントを担っています。

※ 2行目の Röslein auf der Heiden は，1行目の Röslein と同格になっているとともに3行目の述語文の(省略された)主語の働きをしています。

> (4) Die Geißlein erschraken und wollten sich verstecken. Das eine sprang
> unter den Tisch, das zweite ins Bett, das dritte in den Ofen, das
> vierte in die Küche, das fünfte in den Schrank, das sechste unter die
> Waschschüssel, das siebente in den Kasten der Wanduhr.
>
> 子ヤギたちは驚いて隠れようとしました。1匹は机の下に，2匹目はベッドの中に，3匹目
> はストーブの中に，4匹目は台所に，5匹目は戸棚の中に，6匹目は洗い桶の下に，7匹目は
> 柱時計の箱の中に，それぞれ跳び込みました。　　　　　　　　　　（「七匹の子ヤギ」）

die Geißlein 子ヤギたちは　*erschraken* 驚いた　*wollten* [助] 〜しようとした　*sich verstecken*
隠れる　*das eine* 1匹は　*sprang* 跳んだ　*unter den Tisch* 机の下へ　*das zweite* 2匹目は
ins Bett ベッドの中へ　*das dritte* 3匹目は　*in den Ofen* ストーブの中へ　*das vierte* 4匹目は
in die Küche 台所の中へ　*das fünfte* 5匹目は　*in den Schrank* 戸棚の中へ　*das sechste*
6匹目は　*unter die Waschschüssel* 洗い桶の下へ　*das siebente* 7匹目は　*in den Kasten der*
Wanduhr 柱時計の箱の中へ

チャレンジ！　🔊2-84

Die Geißlein erschraken und wollten sich verstecken.

Das eine sprang unter den Tisch,

das zweite ins Bett,

das dritte in den Ofen,

das vierte in die Küche,

152

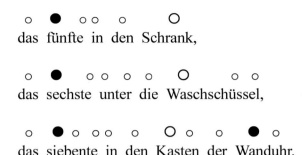

das fünfte in den Schrank,

das sechste unter die Waschschüssel,

das siebente in den Kasten der Wanduhr.

(5) »Was du haben willst, lieber Frosch«, sagte sie, »meine Kleider, meine Perlen und Edelsteine, auch noch die goldene Krone, die ich trage«. Der Frosch antwortete: »Deine Kleider, deine Perlen und Edelsteine, und deine goldene Krone, die mag ich nicht«.

「カエルさん、お前が欲しいものを(あげる)」と王女は言いました。「私の服、私の真珠や宝石、ほかにも私がかぶっている黄金の冠を。」カエルは答えました。「お前の服、お前の真珠や宝石、そしてお前の黄金の冠、そんなもの私は欲しくない。」

(「カエルの王様」)

was [関]　*du* お前が　*haben* 手にする　*willst* [助] 〜しようと思う　*lieber Frosch* 親愛なるカエルよ
sagte 言った　*sie* 彼女は　*meine* 私の　*Kleider* 服　*Perlen* 真珠　*und* そして　*Edelsteine* 宝石
auch 〜も　*noch* さらに　*die goldene Krone* 黄金の冠を　*die* [関]　*ich* 私が　*trage* かぶっている
der Frosch カエルが　*antwortete* 答えた　*deine* お前の　*die* それらを　*mag* 望む　*nicht* [否]

チャレンジ！ 🔊2-85

○　○　●○　　○　　○○　　○　　　○○○
»Was du haben willst, lieber Frosch«, sagte sie,

○　○　　●　○
»meine Kleider,

○　○　●○　○　　●○　○○
meine Perlen und Edelsteine,

○　　　○　　　○　○○○　　●○　○○　　○○
auch noch die goldene Krone, die ich trage«.

○　　○　○　　○○○
Der Frosch antwortete:

○　○　　●　○
»Deine Kleider,

○○　●○　○　　●○○○
deine Perlen und Edelsteine,

○　　○○○○○　●○　○　○○　　○
und deine goldene Krone, die mag ich nicht«.

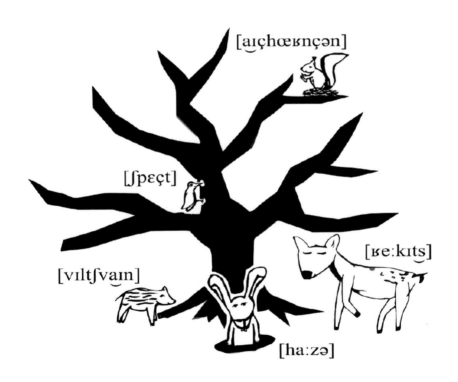

<付録1>

　本書で「文章の発音」の練習用素材としているテキストは，どれも世界中で親しまれているドイツの民謡や民話の一部です。作者は知らなくても聞いたことがある，読んだことがあるというものが多かったのではないでしょうか。あるいは初めて出会ったものであっても何となく耳に残る，心に残るという印象を受けたかもしれません。民謡や民話というのはまさにそうして人から人の口に伝わり，何世代にもわたって歌い継がれ，語り継がれて今日に至っているのです。詩人の努力によるにせよ，伝承の過程で磨かれてきたにせよ，選び抜かれた言葉の意味と響きが調和して，聞き手を引き込む世界を作り出しているのでしょう。また，伝承には歌い手や語り手の存在が不可欠です。素材が持つ独特の内容とリズムに歌い手や語り手の表現力が加わって，時には解釈や話の結末が変わっても，力強く存在していくのです。皆さんも素材の内容とリズムを楽しみつつ自分なりの解釈も取り入れて，聞き手の心に届く語りをめざしてください。

朗読してみよう

Die Lorelei　🔊2-86

Ich weiß nicht, was soll es bedeuten, dass ich so traurig bin.
Ein Märchen aus alten Zeiten, das kommt mir nicht aus dem Sinn.
Die Luft ist kühl, und es dunkelt. Und ruhig fließt der Rhein.
Der Gipfel des Berges funkelt im Abendsonnenschein.

---

was 何を　*soll* [助] 〜ということだ　*es* [予示]　*bedeuten* 意味する　*dass* 〜ということが　*Zeiten* 時代　*das kommt mir nicht aus dem Sinn* それが私の念頭から去らない　*es dunkelt* 暗くなる　*ruhig* 静かに　*der Rhein* ライン川　*funkelt* 輝く　*im Abendsonnenschein* 夕陽の中で

「ローレライ」
私にはわからない，どうしてこんなに悲しいのだろう。
古くからの物語が心から消えていかない。
空気は冷え，あたりは暗い。そして静かに流れるライン川。
夕陽を浴びて山のいただきが輝いている。

An die Freude 🔊2-87

Freude, schöner Götterfunken, Tochter aus Elysium!
Wir betreten feuertrunken, Himmlische, dein Heiligtum.
Deine Zauber binden wieder, was die Mode streng geteilt.
Alle Menschen werden Brüder, wo dein sanfter Flügel weilt.

Freude 歓喜　*Götterfunken* 神々の火花　*Elysium* 至福の園　*betreten* ～に入る　*feuertrunken*
火のように酔いしれて　*Himmlische* 天上の人々　*Heiligtum* 聖域　*Zauber* 魔法　*was* [関]　*Mode*
時流　*streng* 苛烈に　*geteilt* = geteilt hat 分割した　*wo* [関]　*weilt* 憩う

「歓喜に寄せて」
歓喜よ，美しい神々の火花よ，至福の園から来た娘よ！
天上の人々よ，私たちは火のように酔いしれてあなたの聖域に入っていく。
時流が強く切り離したものを，あなたの魔法は再び結び合わせる。
あなたの柔らかな翼が憩うところで，すべての人々は兄弟となる。

Die Forelle 🔊2-88

In einem Bächlein helle, da schoss in froher Eil'
die launische Forelle vorüber wie ein Pfeil.
Ich stand an dem Gestade und sah in süßer Ruh'
des muntern Fischleins Bade im klaren Bächlein zu.

Forelle ます　*Bächlein* 小川　*helle* 明るい　*schoss* 勢いよく動いた　*in froher Eil'* (= Eile)
快活に急いて　*vorüber* 通り過ぎて　*Pfeil* 矢　*Gestade* 岸　*sah...zu* 眺めた　*in süßer Ruh'*
(=Ruhe) 甘い安らぎの中で　*des muntern Fischleins* その活発な魚の　*Bade* = Baden 泳ぐこと

「ます」
明るく澄んだ小川の中を，快活に急くように，
気まぐれなますが矢のように勢いよく泳ぎ過ぎて行った。
私は岸に立ち，心地よくくつろいで，
澄んだ小川の中の活発な魚の泳ぎを眺めていた。

Die Gedanken sind frei 🔊2-89

Die Gedanken sind frei. Wer kann sie erraten?
Sie fliegen vorbei wie nächtliche Schatten.
Kein Mensch kann sie wissen, kein Jäger erschießen.
Es bleibet dabei. Die Gedanken sind frei.

Gedanken 考えること, 思考, 思想　*frei* 自由な　*sie* それ (=思考)を　*erraten* 言い当てる
fliegen...vorbei 飛び去る　*wie* 〜のように　*nächtliche Schatten* 夜の影　*kein* 誰も〜ない
Mensch 人　*wissen* 知る　*Jäger* 猟師　*erschießen* 射殺する　*bleibet dabei* そのままとどまる

「思いは自由」
思いは自由。誰が言い当てることができよう。
それは夜の影みたいに飛び去ってしまう。
どんな人だって知ることはできない。どんな猟師だって射ち殺すことはできない。
そういうものなのだ。思いは自由。

von Johann Wolfgang von Goethe 🔊2-90

Sage mir, mit wem du umgehst,
so sage ich dir, wer du bist;
weiß ich, womit du dich beschäftigst,
so weiß ich, was aus dir werden kann.

sage mir 私に言いなさい　*umgehst* つき合う　*weiß ich* (= wenn ich weiß) 私が知れば　*womit du dich beschäftigst* 君が何に取り組んでいるか　*so weiß ich* そうすれば私は知る　*was aus dir werden kann* 君が何になりうるか

「ゲーテ」から
誰とつき合っているのか言ってごらん,
君が誰であるかを言おう。
君が何に関心を持って取り組んでいるかを知れば,
君が何になりうるかが知れよう。

aus »**Der Froschkönig oder der eiserne Heinrich**« 🔊2-91

Und als sie ein Stück Wegs gefahren waren,
hörte der Königssohn,
dass es hinter ihm krachte, als wäre etwas zerbrochen.
Da drehte er sich um und rief:
　　»Heinrich, der Wagen bricht!«
　　»Nein, Herr, der Wagen nicht,
　　es ist ein Band von meinem Herzen,
　　das da lag in großen Schmerzen,
　　als Ihr in dem Brunnen saßt,
　　als Ihr eine Fretsche wast.«

---

der Froschkönig カエルの王様　*der eiserne Heinrich* 鉄のハインリヒ　*ein Stück Wegs* 道のり
の一部　*Königssohn* 王子　*es krachte* すさまじい音がした　*als wäre etwas zerbrochen* 何かが
砕けたかのように　*drehte er sich um* 彼は体の向きを変えた　*bricht* 砕ける　*Herr* 主君　*Band*
ベルト　*Herzen* (Herz の 3 格) 心臓　*Schmerzen* 痛み, 苦しみ　*Ihr* = Sie 二人称敬称 (古形)
Fretsche = Frosch　カエル　*wast* = wart ～であった

「カエルの王様」から
(忠実なハインリヒは, 主君がカエルに姿を変えられてしまったとき大層悲しみ, 嘆きのあまり心臓が
砕け散ってしまわないよう, 3 本の鉄のベルトを胸に巻きつけたのでした。しかし今や王子は元の
姿に戻り, ハインリヒは馬車で王子を国に連れて帰ります。)
彼らが道のりを少しばかり進んだとき, 王子は自分の後ろで何かが砕けたような, すさまじい
音がしたのを聞きました。それで振り返って叫びました:
「ハインリヒ, 車が砕けた!」
「いいえ, だんな様, 車ではありません。砕けたのは私の胸のベルトです。あなた様がカエルに
なって泉の中にいらっしゃったとき, 大きな悲しみの中, それは胸に巻かれていたのです。」

歌ってみよう ♪♪

Die Lorelei 🔊2-92

Ich weiß nicht, was soll es bedeuten,
dass ich so traurig bin.
Ein Märchen aus alten Zeiten,
das kommt mir nicht aus dem Sinn.
Die Luft ist kühl, und es dunkelt.
Und ruhig fließt der Rhein.
Der Gipfel des Berges funkelt
im Abendsonnenschein.

An die Freude 🔊2-93

Freude, schöner Götterfunken,
Tochter aus Elysium!
Wir betreten feuertrunken,
Himmlische, dein Heiligtum.
Deine Zauber binden wieder,
was die Mode streng geteilt.
Alle Menschen werden Brüder,
wo dein sanfter Flügel weilt.

Auf Flügeln des Gesanges 🔊2-94

Auf Flügeln des Gesanges,
Herzliebchen, trag' ich dich fort,
fort nach den Fluren des Ganges,
dort weiß ich den schönsten Ort.
Da liegt ein rotblühender Garten,
im stillen Mondenschein.
Die Lotosblumen erwarten
ihr trautes Schwesterlein.

繰り返し

Die Forelle 🔊2-95

In einem Bächlein helle,
da schoss in froher Eil'
die launische Forelle
vorüber wie ein Pfeil.
Ich stand an dem Gestade
und sah in süßer Ruh'
des muntern Fischleins Bade
im klaren Bächlein zu.

繰り返し

Heidenröslein 🔊2-96

Sah ein Knab' ein Röslein steh'n,
Röslein auf der Heiden.
War so jung und morgenschön.
Lief er schnell, es nah zu seh'n,
sah's mit vielen Freuden.
Röslein, Röslein, Röslein rot,
Röslein auf der Heiden.

Der Lindenbaum　🔊2-97

Am Brunnen vor dem Tore,
da steht ein Lindenbaum.
Ich träumt' in seinem Schatten
so manchen süßen Traum.
Ich schnitt in seine Rinde
so manches liebe Wort.
Es zog in Freud' und Leide
zu ihm mich immer fort.　　　　　] 繰り返し

Die Gedanken sind frei　🔊2-98

Die Gedanken sind frei.
Wer kann sie erraten?
Sie fliegen vorbei
wie nächtliche Schatten.
Kein Mensch kann sie wissen,
kein Jäger erschießen.
Es bleibet dabei.
Die Gedanken sind frei.

O Tannenbaum　🔊2-99

O Tannenbaum, o Tannenbaum,
wie treu sind deine Blätter!
Du grünst nicht nur zur Sommerzeit,
nein, auch im Winter, wenn es schneit.
O Tannenbaum, o Tannenbaum,
wie treu sind deine Blätter!

<付録 2> 発音のしくみ 🔧

1. 発音の基礎知識

(1) 無声音と有声音

　私たちは，肺から出てくる呼気を使って発音しています。呼気はまず喉仏の裏にある声帯を通ります。声帯は左右一対の筋肉の塊で，声帯の間は閉じたり開いたりします。この隙間を声門といいます。声門が開いていると，呼気はスーッとその間を通り抜け，口や鼻から出て行きます。寒いときにするように手のひらに息を吐きかけてみてください。「ハー」という音とともに息が出てきます。また，唇を閉じて呼吸を止め，口の中に息がたまったところで破裂させるように解放してみましょう。やはり息の放出とともに音がします。でも，どちらの場合も声が出ている感じはありませんね。これらの音のように，息だけで作られる音を**無声音**といいます。

　今度は喉仏に手を当てて「アー」と言ってみましょう。手に振動が伝わってくるのがわかります。声門が閉じた状態で呼気を通すと，呼気の勢いで声帯が震えるのです。「声」が出ている状態です。このように声(声帯の振動)を伴う音を**有声音**といいます。

　ちなみに先ほど両唇を閉じた後に息を放出するようにして出した無声音は，[p] という子音です。「ア」は有声音，母音の [a] です。続けて発音すると [pa]，日本語の「パ」の音になります。[p] と同じ口の形で声帯を震わせると有声音 [b] が出ます。続けて [a] を出すと [ba]，日本語の「バ」の音になります。

試してみよう ① 　　(☞解説 p.189)

　日本語の音の無声/有声の区別は，仮名文字によって判別することができます。母音は声帯振動を伴うので，ア行の音は有声音です。清音と濁音の区別のある行 (カサタハ／ガザダバ行) では，清音の子音が無声音，濁音の子音が有声音です。半濁音 (パ行) の子音は無声音です。

　では，清濁の対立のないナマヤラワ行の子音は無声でしょうか，有声でしょうか。母音を出さないように注意し (ナ [na] の [n] だけ発音します)，喉に手を当てて調べてみましょう。

---

(2) 母音と子音

　言語音は**母音**と**子音**に分かれます。母音は，有声の呼気が口の中で共鳴を起こして出る音です。私たちは舌や唇を動かして口の形や容積をさまざまに変えることができます。そのときの響きの違いが母音の音の違いです。

　子音は，呼気が口や鼻を通るときにどこかで何らかの妨げを受けて出る音です。ちょうど縦笛のどの穴をふさぐかで音色が変わるのと似ています。呼気の流れを妨害する場所を**調音点**といい，呼気の通り道を狭める，流れをいったんせき止めるなど，妨害の仕方を**調音法**といいます。(母音ではこのような呼気に対する妨害がありません。「ア・イ・ウ・エ・オ」と発音して確認してみましょう。)

　例えば，日本語の「パ」の子音 [p] は両唇で呼気の流れをいったんせき止めて出す音です。調音点は「両唇」，調音法は「閉鎖」で閉鎖音とか破裂音と呼ばれます。調音点で完全に閉じず，ほんのわずかな隙間を作って呼気を通すと摩擦が生じ，摩擦音と呼ばれる音が出ます。例えば両唇で摩擦音を出すと，日本語の「フ」の子音になります (発音記号 [ɸ])。日本語で「フード」は英語の food と hood のどちらも指しますが (☞発音のしくみ 1(3))，food の最初の音 [f] と hood の最初の音 [h] のどちらも [ɸ] とは調音点が異なります ([f] は「唇歯摩擦音」，[h] は「声門摩擦音」)。すなわちフード, food, hood の最初の音は違う音です。調音点，調音法，有声か無声かという三つの分類法で，世界の言語のさまざまな子音の音の違いを説明することができます。

試してみよう ②　　(☞解説 p.189)

　日本語のカ行の子音を発音するとき，口腔内のどの辺りで呼気をせき止めていますか。また，いわゆるべらんめえ口調では，ラ行の子音をどのように発音しますか。

<表> 調音点

調音点	調音体(動く部分)と呼気の妨げが起こる場所	音の例
両唇	下唇と上唇	[m] マ行子音, man　[p] パ行子音, Post
唇歯	下唇と上歯	[f] Vater, Film　[v] Wagen
歯	舌尖/舌端と上歯の裏	[θ] think (英)　[ð] this (英)
歯茎	舌端と歯茎	[s] サスセソの子音, Fuß　[n] ナヌネノの子音, nun
後部歯茎	舌端と後部歯茎	[ʃ] Tisch, she (英)　[tʃ] tschüs, check (英)
歯茎硬口蓋	舌端と歯茎硬口蓋	[ɕ] シの子音　[tɕ] チの子音　[ɲ] ニの子音
硬口蓋	前舌と硬口蓋	[ç] ヒの子音, ich　[j] ヤユヨの子音, ja
軟口蓋	後舌と軟口蓋	[k] カ行子音, Kind　[g] gut　[x] ach
口蓋垂	後舌と口蓋垂	[ɴ] 語末のン　[ʁ] rot
声門	声帯	[h] ハヘホの子音, Hut

<図> 口腔断面図

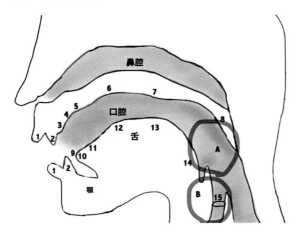

1 唇　2 歯　3 歯茎　4 後部歯茎　5 歯茎硬口蓋
6 硬口蓋　7 軟口蓋　8 口蓋垂　9 舌尖　10 舌端
11 前舌　12 中舌　13 後舌　14 舌根　15 声帯
A 咽頭　B 喉頭

＜表＞ 調音法

調音法 (音の名称)	子音を発生させる方法	音の例
鼻音	口のどこかで通気を遮断し， 鼻からのみ呼気を出す。	[m] マ行子音, u<u>m</u>　[n] ナヌネノの子音, <u>n</u>ie　[ŋ] Ju<u>ng</u>e　[ɲ] ニの子音
口音	咽頭で鼻への通気を遮断し， 口からのみ呼気を出す。	
破裂音 (閉鎖音)	口のどこかを閉鎖して呼気を ため，一気に放出する。	[b] バ行子音, <u>B</u>ier　[t] タテトの子音, <u>t</u>un, Lan<u>d</u>　[d] ダ行子音, <u>d</u>as
摩擦音	口のどこかに狭めを作り，通気時， 気流に乱れを起こす。	[s] サスセソの子音, la<u>ss</u>en　[z] ザズゼゾ の子音(語中), <u>s</u>agen　[ɸ] フの子音　[ʃ] Ta<u>sch</u>e　[ʁ] 摩擦音で出した <u>r</u>ot
破擦音	破裂と摩擦をほとんど同時に 行い，一つの音として出す。	[ts] ツの子音, <u>Z</u>ug　[tɕ] チの子音 [tʃ] deu<u>tsch</u>　[dʒ] ju<u>dg</u>e (英), <u>J</u>eans
はじき音	舌で上あごのどこかを軽く 1回はじく。	[ɾ] ラ行子音
震え音	気流によって舌や口蓋垂などの器 官を震わせる。	[r] 巻き舌(べらんめえ調)のラ行子音 [ʀ] 震え音で出した <u>r</u>ot
側面接近音	舌先を広げて上の前歯の根元に 当て，舌の両脇から呼気を通す。	[l] Ba<u>ll</u>, <u>L</u>uft, <u>l</u>ove (英)
半母音	舌と上あごの間を摩擦を起こさ ない程度に狭める。	[j] ヤユヨの子音, <u>j</u>etzt　[ɥ] ワの子音 [w] <u>w</u>ork (英)

(3) 音素

　英語でlが表す音とrが表す音（発音記号では [l] と [ɹ]）の違いは，日本語話者にとって語の意味が区別されるような重要な音の差ではありません。すなわちいずれもラ行の音に聞こえる音で，どちらの音で「ロック」を発音しても，コミュニケーション上差し支えありません。

　人の脳は成長するに従って母語に含まれない音をブロックするようになり，「聞く音」と「聞かない音」を区別します。これは脳が知らない音を知っている音（母語の音）に勝手に置き換えて聞いてしまうということです。英語の lock の lo も rock の ro も知らない音なので，どちらも知っている音「ロ」として聞いてしまうのです。（ちなみに日本語のラ行の子音は，ふつう [l] [ɹ] のいずれとも違う音（[ɾ]）で発音されます。）

　ある言語で語の意味を区別する働きのある最小の音の単位を**音素**といいます。現実に聞こえる音が複数あっても，それらが語の意味を区別しなければ，その言語でそれらの音は同じ音素に属していることになります。英語話者は [l] [ɹ] を別々の音と認識しますが，日本語話者は同じ音と認識します。従って，英語ではここに二つの音素，日本語では一つの音素があるということになります。

　どれくらいの音を音素として区別して使っているかは，言語によって異なります。例えば日本語の母音を考えてみましょう。私たちは口の形を微妙に変えることによって無数の母音を出すことができますが，そのすべての音を認識し区別して使っているわけではありません。日本語で区別して使われる母音は「ア・イ・ウ・エ・オ」の五つ，すなわち日本語の母音の音素は五つです。話し手もしくは発話ごとに多少異なる音を聞いたとしても，重要でない音の差は聞き分けないで無視され，このいずれかの音として認識されます。

　ドイツ語には日本語より多くの音素があります。※ 日本語の音で代用できる（つまりドイツ語の音として認識され，話が通じる）場合もありますが，代用できない場合もあります。円滑にコミュニケーションがとれるよう，また自信を持って発話できるよう，ドイツ語の音素を身につけましょう。

※認定方法にもよりますが，日本語には 24 個，ドイツ語には約 40 個の音素があります。

試してみよう ③　　（☞解説 p.189）

　次の音の中に日本語の音素はいくつありますか。

　　アイウエオ　　　カキクケコ　　　ガギグゲゴ

(4) 音の表記

　私たちの言語コミュニケーションは、第一に音声を通じて行われます。子どもは音声から母語を習得しますし、仮に文字を習得できなかったとしても、日常的に不便はあれ、基本的なコミュニケーションに支障はありません。また、自然の言語で世界に文字を持たない言語はありますが、音声を使わない言語はありません。

　このように言語による人間のコミュニケーションでは音声がその主たる担い手であり、文字は二次的なものです。そしてどのような文字を使ってその言語の音を表すかは恣意的、つまり自由に決めてよいのです。

　ドイツ語や英語で使われるローマ字と日本語の仮名は、どちらも音を表す文字 (表音文字) ですが、音の表し方が違います。ローマ字では、一つの文字が一つの音を表します (a[a], k[k] ☞発音のしくみ2 (7))。仮名では「あいうえお」と「ん」を除き、一つの仮名は子音と母音の組み合わせを表します (「か」[ka])。意味を表す文字 (表意文字)である漢字を用いる中国語では、発音を表すためにローマ字表記の母音・子音に声調記号を組み合わせたピンイン(拼音)などが用いられています。

　いずれの言語でも、音と文字の関係を知って初めて子どもはそれまでに覚え、理解した語や文を文字で確認し、読むことができるようになります。日本語では語をほぼ仮名の発音の通りに読めばよいため (例外：助詞の「は」「へ」、「おとうさん」の「う」など)、仮名を覚えてしまえば、初めて出会う語を読んで発音することができます。振り仮名があれば漢字の混じった文章を読むこともできます。「南無阿弥陀仏」と聞けば仮名で書くことができ、振り仮名があればこの言葉を知らなくても読むことができるのです。

　一方ドイツ語や英語では、母語話者であっても最初は語の音を表す文字の組み合わせやつづり方すなわちスペリングを学ばなければなりません。Christmas, Weihnachten といった言葉を音で知っていても、スペリングを学んでいなければ、これらの語を読むことも書くことも困難です。ローマ字は文字の数が少なく、1文字が1音しか表さないので、その組み合わせが複雑になってしまうのです。小学校などで繰り返しディクテーションの練習が行われるのもこのためです。

　英語ほどではありませんが、ドイツ語でも決まった文字の組み合わせで表される音がいくつもあります (ei で [aɪ], sch で [ʃ] など)。音と文字は必ずしも1対1に対応するわけ

ではなく，同じ音が異なる文字で表されることもありますし，組み合わせにより一つの文字が複数の音を表すこともあるのです。

　面倒に感じられるかもしれませんが，複雑とはいえ音と文字表記の関係には規則性があります。本書の「単音・音節の発音」の章では，発音練習が音と文字表記の関係に配慮して構成されています。まずは頻出の組み合わせから学び，読み書きできる語を増やしていきましょう。

　ところで，言語音を表記する世界共通の記号として，国際音声字母（IPA ＝ International Phonetic Alphabet）があります。これは人間の発する音声を写し取るべく音声の表記法として国際音声学協会によって定められたもので，一つの記号が一つの音に対応します。母音を発音するときの舌の位置や子音の調音点を考えればわかるように，言語の音は連続的です。一方記号の数には限りがあります。IPA には，「前寄り」「奥寄り」など細かい差まで表記するため，補助記号も用意されています。

　本書でも IPA を使って音を表記しています。音声学の決まりで，発音記号は [　] の中に入れて書きます。一度学んだ音は繰り返し出てきますから，記号にも自然と慣れていきます。IPA を使いこなせるようになると，発音学習の幅も広がります。

試してみよう ④　　（☞解説 p.190）

　日本語で小さく表記される「っ」は，実際に「つ [tsɯ]」と発音されることはありません。では，「っ」はどのような音を表しているのでしょうか。「コップ」「かっこ」「あっさり」をゆっくり発音してみながら確認しましょう。

(5) 音声リズム

　日本語話者が外国語を話すのを聞いたときに，どことなく日本語っぽいと感じたり，あるいは外国語話者が日本語を話すのを聞いたときに，何か日本語らしくない，例えば英語っぽいなどと感じることがあります。これは一つ一つの音の発音の違いから来ることもありますが，両言語の話者が持つリズム感覚の違いによるところも大きいといえます。

　そもそもリズムとは，長短，強弱など何らかの規則性を持った音の単位が周期的に現れることによって形成される時間的な秩序を指します。各言語にはそれぞれ特有の音声リズムがあるといわれていますが，類型として区別されるのは大きく2種類です。一つはフレーズ (語の集まり，文) の中で音の強弱の「強」が等間隔に現れる傾向があるタイプで，ドイツ語や英語が典型的にこの特徴を持ちます。

> 　　強　　　強　　　　強　　　　　強
> I went to town to buy some oranges.　　私はオレンジを買いに町へ行った。
>
> 　　　強　　　　強　　　　　強　　　　　　強
> Wir kauften gestern im Supermarkt ein.　　私たちは昨日スーパーで買い物をした。

　「強」が等間隔に現れるというのは，「強」が無造作にどの語にも割り振られるということではありません。「強」を担うことができるのは主に名詞や動詞，形容詞など，具体的な意味内容を表す語で，その中で強アクセントが置かれる母音が強く，また高め，長めに発音されます (☞語レベルでの音の強弱については，発音のしくみ2 (6)参照)。また，間隔は物理的に完全に等しくなるわけでもありません。このタイプの言語の発音で重要なのは「強」の間の時間的長さが等しく保とうとされること，それに伴って「弱」の部分が速く短めに，いわば圧縮されるように発音されることです。

　もう一つの音声リズムのタイプは，一つのまとまりとして聞こえる音の単位 (☞発音のしくみ2 (1))自体が等間隔に発音されるもので，日本語やフランス語にこの特徴が見られます。

> Ma|rie | a|dore | les | fraises.　　(Marie adore les fraises. マリはイチゴが大好きだ。)
> [maʁi]　　[adɔʁ]　　[le]　　[fʁɛːz]
>
> い|た|だ|き|ま|す。　　お|か|わ|り|し|て|い|い|で|す|か。

　»Marie adore les fraises«は6個の音の単位 (音節) から，「いただきます」「おかわりしていいですか」はそれぞれ6個と11個の音の単位 (拍) から成っています。あえて

ゆっくり話す場合にはこれらがほぼ均等な長さで発音されますが，自然な速度で話すとフランス語ではこれを二〜三つずつ，日本語では二つずつにまとめてリズムを安定させる傾向があるようです。

Marie | adore | les fraises.
いた|だき|ます。　おか|わり|して|いい|です|か。

このような母語の音声パターンの時間的情報は脳に定着しており，それを変えることは非常に困難と考えられます。日本語の音の並びをあえて強弱で捉えると，強・強・強・強...のようになります。そのため，ドイツ語や英語を話すときにも一本調子で耳障りな発音になってしまいがちです。また，「強」のリズムには慣れているけれど，「弱」のリズムには慣れていないということもいえます。その結果，強く発音される言葉は聞き取れても，冠詞や前置詞など弱く発音される言葉が聞き取れないということになりがちです。

弱く発音される部分は，音自体が弱く変化していたり，かなり省略されてほとんど聞こえないこともありますが，その分かすかな「間（ま）」があったり，後ろの音がやや長めに発音されたりします。強弱のリズムを練習すると，このかすかな「間」や音の変化を感じられるようになります。まずは単語ごとの切れ目や個々の発音は無視して音楽のように聴き，ハミングしながらメロディをまねてみましょう。メロディとして音の動きを捉えることができたら，今度はそれに言葉を乗せて言ってみます。語単位の発音にこだわらないのが大切です。文字と発音のイメージが一致しない場合，どの音が変化しているのか，あるいは脱落しているのかを確認しておくと，知識としても身について聞き取り力もアップします。

試してみよう ⑤　　(☞解説 p.190)

次の日本語を指示に従って，3通りの言い方で発音してみましょう。どれが一番自然ですか。

北海道のお土産をもらいました。
1) **ほっかいどう**のお**み**やげを**もらい**ました。　　　(太字を強く，他は弱く)
2) ほ|っ|か|い|ど|う|の|お|み|や|げ|を|も|ら|い|ま|し|た。
3) ほっ|かい|どう|の|おみ|やげ|をも|らい|まし|た。　　(|で区切って)

171

2. ドイツ語の音声の特徴

(1) 音声の単位

　日本語で一つの音のまとまりとして聞こえる音声の単位を**拍**といいます。俳句や短歌で五・七・五などと数えるように，およそ仮名一つの発音に相当する均等な時間的長さです。撥音「ン」，促音「ッ」，長音「ー」も1拍に数えられます。

　母音一つを含む音のまとまりを**音節**といいます。ドイツ語や英語では，これがひとまとまりの音として聞こえる音声の単位です (例：com・mu・ni・ca・tion の「・」で分けた各部分)。

　日本語の仮名も母音一つを含む音のまとまりと言えるので，音節として数えることができます。ただし撥音「ン」，促音「ッ」，長音「ー」は，単独で音のまとまりをなさないので1音節になりません。これらは前の音節の一部となります。例えば contest を日本語でコンテストと言った場合，拍を単位にして数えると5拍，音節を単位にして数えると4音節，英語では con・test と2音節です。

　ローマ字書きしてみればわかるように，仮名はア行と「ン」を除き，一つの子音と一つの母音を組み合わせた音を表しています (「カ」[ka])。このように日本語の音節は母音で終わるのが特徴で (開音節)，基本的に音節が子音で終わること (閉音節) はありません※。また，音節内で子音が連続することもありません。英語の strong は1音節ですが，str と子音が連続し音節は子音 ng [ŋ] で終わっています (閉音節)。これを日本語でストロング と発音すれば sutorongu とほぼ子音＋母音の連鎖となります。子音の連続や子音で終わる音節は日本語の音体系では少数の例外を除き存在しないので，これを文字で表す手段も用意されていないのです。

※中国語の原音に由来する「ン」で終わる漢字音 (「人 (ジン・ニン)」,「鈴 (リン)」など) は閉音節。

試してみよう ⑥ 　　(☞解説 p.190)

　次の日本語の拍数と音節数を数えてみましょう。

　例：ラーメン　　4拍2音節

　1) 結婚式　　　＿＿＿拍＿＿＿音節
　2) チョコレート　＿＿＿拍＿＿＿音節
　3) コンピューター　＿＿＿拍＿＿＿音節

(2) 閉音節

「拍」「開音節」という日本語の特徴から，日本語話者の多くが子音のみの発音を苦手とし，子音ごとに母音を添えて均等に発音しようとしたり，語末などの子音を脱落させてしまったりする傾向があります。

発音の目安として英語の単語にルビを振った経験のある人は多いと思いますが，英語の音を仮名で表すことで閉音節のまとまりは失われ，子音が続くことも子音で終わることもないことになってしまいます。brand も「ブランド」と発音すれば，だいぶ違った音に聞こえてしまうでしょう。

ドイツ語の音節も，子音で終わる閉音節タイプです。音節内では子音が連続することもあります。1音節の動詞 trinkst [tʁɪŋkst] ([君が] 飲む) を日本語の仮名読みに置き換えて「トリンクスト」と発音すると，不要な母音が加えられて [toʁɪŋkɯsɯto]と5音節の語になってしまい，理解してもらえないおそれがあります。また子音連続をしっかり発音しないと，trinkst がtrinkt ([彼/彼女 (など3人称) が] 飲む) など，別の変化形や別の語に聞こえてしまうこともあります。

「子音を立てる」という言い方があります。日本語話者がつい添えてしまいがちな母音から子音を切り離して，子音だけで明瞭に，いわば「立体的に」発音するということです。「単音・音節の発音」では子音を立てるための音の出し方のヒントと豊富な練習を用意しています。まずは音節単位の発音を心掛け，子音だけの音，特に語中・語末の子音連続に注意して練習してください。

試してみよう ⑦　　(☞解説 p.190)

次の仮名文字が表す音の子音の部分だけを発音してみましょう。

例：カ [ka] → [k]
　　※日本語の共通語の発音で，自然に「書く」と言ってみましょう。喉に手を当てて
　　　「く」のところで声帯の震えを感じなければ，母音が無声化して子音のみの音
　　　([k]) に近い音になっています。

ゴ　マ　ネ　パ　ヒ　ザ　テ　ダ

(3) 母音の連続 ①

　拍を発音単位とする日本語では,「愛 (<u>ai</u>)」「芸 (<u>gei</u>)」のように母音を連続して発音する場合, 連続する母音はそれぞれ別の拍に属します。従って,「ア・イ」「ゲ・イ」と切って発音しても意味の伝達に支障ありません。これに対して英語の I [aɪ], day [deɪ] では, [a] と [ɪ], [de] と [ɪ] を切って発音するともはや意味を成しません。英語では, [aɪ] や [eɪ] はそれぞれこれで一つの単位すなわち音節であり, 独立した音素と認識されているのです。このような母音音素を**二重母音**と呼びます。

　語の合成によって母音が連続する場合などを除き, ドイツ語でも ei/ai [aɪ], au [aʊ], eu/äu [ɔɪ] は, 記号表示は母音二つでも実際には１音節の音, 二重母音です。

試してみよう ⑧ 　　(☞解説 p.191)

次のドイツ語の語を音節に分けてみましょう。

　例：Mineralwasser （ミネラルウォーター）→ Mi|ne|ral|was|ser
　　　Post （郵便[局]）→ Post 　※１音節語

　1) Arbeit （仕事）→
　2) Euro （ユーロ）→
　3) Röntgen （レントゲン）→
　4) Baum （木）→
　5) Volkswagen （フォルクスワーゲン）→
　6) Gelände （ゲレンデ）→

(4) 母音の連続 ②

　語中で母音の音が連続していても，間を区切って発音しなければならない場合もあります。母音と母音の間に音節の境界があるときです。例えば合成語では語の結合により母音が連続することがありますが，そこは意味の切れ目であるとともに音節の切れ目でもあるので，区切って発音します (Bau|amt, See|ufer, über|all)。また，ある意味や機能を加えたり文法的な特徴を示したりする接辞がつく場合，母音が連続することがあっても接辞と語基の間には音節の境界があるので，やはり区切って発音します (be・eilen, er・innern, Neu・igkeit, bau・en, Ei・er)。長母音や二重母音 ei の後ろに母音で始まる接辞がつく場合，つづり上ふつう間に h の文字が置かれますが，h は音節の境界を示す働きをするだけで無音となります (ge・hen, fä・hig, Nä・he, lei・hen) (☞単音・音節の発音 14.子音(8))。

　母音と母音の間に音節の境界がある場合，二つの母音がつながって一つの音のようになってしまう (例えば Nähe を「ネー」のように発音する) のは避けなければなりません。子音で終わる音節の後に母音で始まる音節が続く場合にも，ドイツ語ではよほど早口で話す場合を除き (wenn ich → wennich)，英語やフランス語で頻繁に起こる「連結 (linking または liaison)」※の現象は起こりません。

※前の語の末尾の子音と直後の語の先頭の母音をつなげて発音すること。連結の際，しばしば音が変化したり，通常発音されない子音字が発音されたりする (get on [gerɔn], there are [ðeərə], pas à pas [pazapa])。

　前の音節と区切るため，母音から始まる音節では，一瞬声門を閉じてから母音を発音することがあります。この声門閉鎖は一種の音声として，IPA では [ʔ] という記号で表されます。語頭などで出だしの母音を明瞭に発音する場合には声門閉鎖を伴いますが (硬い出だし：ein を「ッアイン」，gehen を「ゲーッエン」と言う感じ)，通常の発話では，前の音節の後，声門を狭める程度で母音を出す発音が一般的なようです。

試してみよう ⑨　　(☞解説 p.191)

　ローマ字表記した次の日本語の下線部分で，二つの母音をつなげて発音した場合と母音間に声門閉鎖を入れて発音した場合では違った意味が出てきます。それぞれどのような意味になるでしょうか。

　1) sat<u>oo</u>ya　　2) <u>ai</u>tai　　3) kan<u>eo</u>kure

(5) 母音の長短

　日本語では長音も1拍を構成するので，母音の長短が語の区別において重要な意味を持ちます（「飯田さん」/「井田さん」，「通る」/「取る」）。一方ドイツ語では，母音を発音するときの唇や舌などの緊張の度合が決定的な役割を担っています。ドイツ語の母音の長短による音の違いは，言い換えると緊張音か弛緩音かの差なのです。例えば，bieten [bíːt(ə)n] (提供する) の [iː] は緊張音, bitten [bít(ə)n] (頼む) の [ɪ] は舌がやや下がる弛緩音です。すなわち語の意味の認識・区別において決定的な意味を持つのは量 (長短) ではなく，主として母音の質 (緊張音か弛緩音か) であると言えます。

　長音と呼ぶにせよ，緊張音と呼ぶにせよ，[aː] や [iː] が1音節を成す一つの母音音素であることは，二重母音の場合と同じです。(日本語の「バウムクーヘン」は「バ [ba]・ウ [ɯ]・ム [mɯ]・ク [kɯ]・ウ [ɯ]・ヘ [he]・ン [ɴ]」と切って発音することができますが，ドイツ語の Baumkuchen [báʊmkuːx(ə)n] の [ba] と [ʊ], [ku] と [ː] を切って発音することはできません。)

試してみよう ⑩　（☞解説 p.191）

　音節単位で発音する習慣のある人が次の日本語の文を言うとき，どのような発音になるでしょうか。

　1) 学校に行ってきます。
　2) がんばってください。

(6) アクセント

　ドイツ語では音節に強弱の区別があり，語の単位で言えば1語の中で音節ごとに強と弱2段階の音のメリハリが決まっています。実際に強弱をつけて発音されるのは音節中の母音です。これは何デシベル以上・以下といった絶対的な違いではなく，前後の音と比べて判断される相対的なものです。例えば:

強	弱		弱	強	弱	
Já	pan	（日本）	Ja	pá	ner	（日本人[男性]）

これを**アクセント**といいます (便宜上，強アクセントを担う母音字の上に [´] をつけます)。特定の接頭辞がついたもの (be|kóm|men (もらう)，Ge|dán|ke (考え)) や，外来語の多く(Com|pú|ter)を除けば，ドイツ語では通常第1音節に強アクセントが置かれます。アクセントのある音節は強いだけでなく，相対的に前後の音節より高く発音されます。違いを際立たせるため，長母音ではやや長めに発音されることもあります。

　一方日本語では，拍ごとに区別される高低2段階のメリハリでアクセントを表示します:

高	低		低	高		低	高	低
あ	め	（雨）	あ	め	（飴）	子	ね	こ

強弱の要素はなく，高低の違い以外では基本的にすべての拍を均等に発音します。

　アクセントは社会の中の習慣として決まっているもので，語の絶対的な要素ではありません。同じ語でも，地域によって高低や強弱の配置が異なる場合があるのはそのためです。単語ごとに決まったアクセントをもたない言語もあります。もっとも社会的習慣である以上，語に決まったアクセントのある言語では，これを守って発音しないと言葉がうまく伝わらないおそれがあります。

※語はふつう他の複数の語とともに意味的なまとまりを成して，文の一部となります。ひとまとまりとなった語グループの中では，内容的に価値を持った語の音節が特に強く発音されます。このような上位レベルでのアクセントの配置は，文アクセントとして扱われます (☞文の発音1，文の発音4)。

試してみよう ⑪ 　（☞解説 p.192)

次のドイツ語の語を強弱アクセントをつけて発音してみましょう。
（ローマ字読みで OK です。）

　　dánke（ありがとう）　Itálien（イタリア）　begínnen（始める，始まる）

177

(7) アルファベット

　アルファベットは，言語を表記するのに用いる文字 (ローマ字, ギリシア文字など) を決まった順序で並べたものです。音を表す個々の文字 (= 字母) を指すときは言語ごとに決まった名称を用いますが，名称イコールその字母が表す音ではありません。ローマ字は多くの言語で表音文字として用いられていますが，各字母を何と呼び表すかは言語によって異なっているのです。例えば v をドイツ語では [faʊ]，英語では [viː]，フランス語では [ve] と呼びます。ちなみに日本語では「ブイ」[bɯi] と言っています。

　略語などは文字単位で発音されるので，読み方を知っている必要があります (例えば，「フォルクスワーゲン」の商標 VW は Volkswagen の略で [faʊ.véː] と発音します)。何より個々の文字を指す言葉を知らないと不便です。「単音・音節の発音」の最後にドイツ語のアルファベット (Alphabet [alfabéːt]) の練習 (総合練習 3) がありますので，しっかり覚えてください。

試してみよう ⑫　　(☞解説 p.192)

　次の音声表記はそれぞれどの略語の読み方を表しているでしょうか。IPA に挑戦しましょう。

　　1) [uː.fáʊ]　　2) [deː.ɛn.áː]　　3) [eː.úː]　　4) [iː.ɛs.beː.ɛ́n]

　　5) [peː.tséː]　　6) [veː.haː.óː]　　7) [iː.kúː]　　8) [deː.faʊ.déː]

　　IQ　　DVD　　UV　　ISBN　　DNA　　PC　　EU　　WHO

(8) 語構成と発音

　ドイツ語には複合語や派生語がたくさんあります。また動詞，形容詞では人称変化や格変化，比較変化によって語尾に変化接辞がつきます。ドイツ語を正しく発音するためにはこのような語構成を把握し，各構成要素に分けて発音の規則を適用しなければなりません。

　例えば「アクセントのある母音に続く子音が一つ以下のときはその母音を長母音として (Name [ná:mə] (名前), Vogel [fó:g(ə)l] (鳥)), 続く子音が二つ以上のときは短母音として (krank [kʁaŋk] (病気の), Wolf [vɔlf] (オオカミ)) 発音する」という規則がありますが，malst の a, Flughafen の u はどちらも長母音です。これは malst [ma:lst] が動詞 malen [má:l(ə)n] (描く) の語幹＋人称変化語尾 st, Flughafen [flú:kha:f(ə)n] (空港) が Flug [flu:k] (飛行)＋Hafen [há:f(ə)n] (港)という語構成になっているからです。

　「母音の前で s が有声音 [z] を表す (Rose [ʁó:zə] (バラ), Basel [báz(ə)l] (バーゼル))」という規則は，複合名詞 Hausaufgaben [háʊs|aʊfga:b(ə)n] (宿題) (Haus [haʊs] (家)＋Aufgaben [áʊfga:b(ə)n] (課題)) では適用されません。

　Hobby の bb は [b] ですが ([hɔ́bi]), abbiegen (曲がる)では一つ目の b は [p], 次の b は [b] です ([ápbi:g(ə)n])。ドイツ語には「b, d, g は語末・音節末，無声子音の前でそれぞれ 無声音 [p] [t] [k] を表す (ab [ap] (離れて), Hand [hant] (手), Tag [ta:k] (日))」という規則があり，これが複合動詞である abbiegen (ab [ap] ＋ biegen [bí:g(ə)n] (曲がる)) に適用されたためです。

　語構成を見抜けるよう，文法を学びたくさんの語に触れてください。

試してみよう ⑬　　(☞解説 p.192)

　辞書などで調べて，次のドイツ語の複合名詞を構成要素に分けてみましょう。

Schifffahrt	Elternabend	Teelöffel	Spielplatz
Esslöffel	Dampfschiff	Beispiel	Großeltern
Pfefferminztee	Abendessen		

(9) 文レベルの発音

　前章 (5) の「音声リズム」, 本章 (6) の「アクセント」で見たように, ドイツ語は強弱リズム言語です。小さい単位から大きい単位まで強弱のメリハリがつけられ, 言語による意思伝達の上で大きな役割を果たしています。

　内容的なまとまりを持った語グループ (句や文) では, 名詞, 動詞, 形容詞, 副詞など意味内容のある語のみ強アクセントを担い, 語レベルで強弱の音節を持つものであっても, 冠詞や代名詞, 前置詞, 接続詞などの機能語は弱音部の一部となります。語グループの中で最も内容的価値があり, 通常末尾または末尾に近い位置に配置される語に, 相対的に最も強いアクセント(文アクセント)がつきます。

> die Universität B**o**nn　　ボン大学
> der Student aus Ch**i**na　　中国からの留学生
> Wir fahren gern R**a**d.　　私たちはサイクリングするのが好きだ。

発話意図から, 対比要素として機能語にアクセントが置かれることもあります。

> Der Motor m**ei**nes Autos ist kaputtgegangen.
>> (他の誰かのではない) **私の**車のエンジンが壊れた。
> Der Motor meines Autos **ist** kaputtgegangen.
>> 私の車のエンジンが**本当に**壊れ**てしまった**。

またアクセントの有無によって語のニュアンスが異なり, 文意が変わる場合もあります。

> Es geht meiner Oma ganz g**u**t.　　祖母は**まあまあ**元気です。
> Es geht meiner Oma g**a**nz gut.　　祖母は**とても**元気です。

　このように, 日本語では語彙で表される意味の違いを, ドイツ語では強弱の音の配置によって表すわけですから, アクセントがいかに重要であるかがわかります。

　さらに文レベルでいうと, 単に強弱の配置に気をつけるだけではスムースな会話は実現しません。私たちはとかく「強」の部分に注目しがちですが, 等間隔な拍のリズムに慣れた日本語話者にとって難しいのはむしろ「弱」の部分, あるいは強弱の差のつけ方です (☞発音のしくみ 1 (5))。強弱リズム言語では「強」の部分ができるだけ等しい間隔で現れるよう, 弱音部の長さが調節されます。次の文で強アクセントの無い弱音部は速く短めに, 特に下線部はいわば圧縮するように発音されます:

> 　　　　強　　　強　　　　　　強　　　強
> Am Freitag mü<u>ssen wir die</u> Fenster putzen.　　金曜日に私たちは窓を拭かなければならない。

このような強弱リズム言語の特性から，日常の自然な発音で必然的に起こるのが音変化です。特に上記のような例でしばしば起こるのが語尾の e [ə] の脱落です。これによって直後の音が変化し，やや長めに発音されます：

Am Freitag mü<u>ssen wir die</u> Fenster putzen.
         [mýsn̩]   [pótsn̩]

　他にも隣り合った音が影響し合い，似た性質を持つようになる「同化」，母音が質的・量的に弱くなる「弱化」の現象が日常的な発話で観察されます（☞詳しい内容，記号の説明などは「文の発音 5」参照）。

　高低や強弱のアクセントがつけられた音声連続の上にかぶさるように現れる，文全体の声の高さの変動をイントネーションといいます。特に文アクセントから文末までの声の上がり下がりは文末イントネーションと呼ばれ，一般に下降調，上昇調，平坦調が区別されます。文構造と相まって叙述，断言，命令，疑問，依頼などを表したり，共感，迷い，不審など感情的なニュアンスを添えたりする働きがあります。

A: Entschuldigen Sie? ↗ 　　　　　　ちょっといいですか？
　　Können Sie mir bitte helfen? ↗　助けていただけませんか？
B: Ja, klar. ↘　　　　　　　　　　　ええ，いいですよ。
A: Ich suche die Post. ↘　　　　　　郵便局を探しているんです。
B: Die ist ganz in der Nähe. ↘ …ähm…→　すぐ近くですよ。えーと...
　　Gehen Sie geradeaus bis zur Ampel →　信号までまっすぐ行って，
　　und dann links. ↘　　　　　　　　それから左です。

試してみよう ⑭ 　　（☞解説 p.192）

　次の文の，それぞれ太字の語に強いアクセントが置かれた場合の意味の違いを考えましょう。

Meine Mutter hat gestern einen roten Regenschirm gekauft.
　　母は昨日赤い雨傘を 1 本買った。

1) Meine **Mutter** hat gestern einen roten Regenschirm gekauft.
2) Meine Mutter hat **gestern** einen roten Regenschirm gekauft.
3) Meine Mutter hat gestern **einen** roten Regenschirm gekauft.

答えと解説

文の発音

チャレンジ！　p.29

2. (1) Wo arbeitet ihr? (↘)

(2) Du kommst? (↗)

(3) Park hier doch nicht! (↘)

(4) Sind Sie Lehrerin? (↗) — Nein, ich bin Studentin. (↘)

(5) Einen Tee, bitte. (↘) — Wie bitte? (↗)

(6) Ich habe vergessen, (↗) ihn anzurufen. (↘)

チャレンジ！　p.34

　　　　(　)(　) (　)(✔)

2. (1) Hier darf man parken.

　　　　　　(　) 　(　) 　(✔) 　(　)

(2) Er hat ein gebrauchtes Fahrrad gekauft.

　　　　　　　　　　　　(　)(✔)(　) (　)

(3) Fährt Paul mit dem ICE nach Berlin? — Nein, er fliegt nach Berlin.

　　　　　　　　　　(　) 　(　) 　　(✔) (　)

(4) Ich komme dann morgen gegen 11 Uhr. — Kommen Sie bitte genau um 11 Uhr.

総合練習 1　p.40

1. A: Wohin **gehst** du? (↘/↗)　　※丁寧さや親しみを表して，しばしば上昇調になります。

　　 どこへ行くの？

B: Ich gehe zum **Bahnhof**. (↘)

　　 駅へ行く。

2. A: Ich lerne **Englisch**.(↘) Und **du**? (↗) Lernst du **Englisch**? (↗)

　　 私は英語を勉強してる。君は？英語を勉強してるの？

B: **Ja**,(↘) ich lerne **Englisch**,(↘) und **auch Chinesisch**. (↘)

　　 うん，英語を勉強してるよ。それと中国語も。

※「中国語も」は補足です。英語と中国語を列挙しているわけではないので，Englisch でいったん
　 下降させます。auch が目的語にかかることを示して，auch および Chinesisch にアクセント
　 が置かれます。

3. A: Die Studenten geben am Sonntag ein **Konzert**. (↘)
　　学生たちが日曜日にコンサートを開きます。

　　B: Wo findet es **statt**? (↘ / ♪)
　　どこで行われるんですか？

　　A: Es findet in der **Halle** statt. (↘)
　　ホールで行われます。

4. A: Mit wem gehst du ins **Konzert**? (↘ / ♪)　　※文末の名詞 Konzert, または話し手の意図に
　　誰とコンサートに行くの？　　　　　　　　　より疑問詞 wem にアクセントが置かれます。

　　B: Mit **Peter**. (↘)
　　ペーターと。

5. A: Du siehst **blass** aus. (↘) Bleibst du lieber zu **Hause**? (♪)
　　顔色が悪いよ。家にいる方がいい？

　　B: **Nein**, (↘) **ich** gehe **auch** mit. (↘)
　　ううん、私も一緒に行く。
　　※ auch が後方から主語にかかることを示して，auch および ich にアクセントが置かれます。

総合練習 2　p.41

　　(✓) ( )　　( )　　　　( )
1.　Anna ist die Freundin von Thomas.　　Nicht Susanne.
　　アナがトーマスのガールフレンドだよ。ズザネじゃなくて。

　　( ) (✓)　　( )　　　　( )
2.　Anna ist die Freundin von Thomas.　　Das ist tatsächlich so.
　　アナはトーマスのガールフレンドだよ。本当にそうなんだから。

　　( ) ( )　　(✓)　　　　( )
3.　Anna ist die Freundin von Thomas.　　Nicht die Schwester.
　　アナはトーマスのガールフレンドなんだよ。妹じゃない。

　　( ) ( )　　( )　　　　(✓)
4.　Anna ist die Freundin von Thomas.　　Nicht von Max.
　　トーマスのガールフレンドだよ,アナは。マックスのじゃない。

183

総合練習 3 p.42

In der Bäckerei

Verkäuferin: Guten Morgen! (ꜜ)　Bitte schön! (ꜜ)

Kundin:　　Guten Morgen. (ꜜ) Ich hätte gern ein Roggenbrot, (→)
　　　　　　ein Früchtebrot, (→) zwei Zöpfe (→) und drei Brötchen... (ꜜ)
　　　　　　äh... (→) nein, vier bitte. (ꜜ)

Verkäuferin: Noch etwas? (ꜛ)

Kundin:　　Oh, Zwiebelkuchen, lecker ! (ꜜ) Zweimal, bitte. (ꜜ)
　　　　　　Das war's. (ꜜ)

Verkäuferin: Achtzehn Euro zwanzig. (ꜜ)

Kundin:　　So bitte. (ꜜ)

Verkäuferin: Danke schön. (ꜜ) Achtzig Cent zurück. (ꜜ) Eine Tüte? (ꜛ)

Kundin:　　Ja, bitte. (ꜜ)

Verkäuferin: So, bitte. (ꜜ) Schönen Tag noch! (ꜜ)

Kundin:　　Ihnen auch, danke schön. (ꜜ) Auf Wiedersehen! (ꜜ)

パン屋で

店員：　おはようございます。(ご注文を)どうぞ。

客：　　おはようございます。ライ麦パン一つ, ドライフルーツ入りパン一つ, ねじりパン
　　　　二つ, それとブレートヒェン三つ… あー… やっぱり四つください。

店員：　他はよろしいですか？

客：　　あ, オニオンキッシュだ, おいしそう！ 二つください。それだけです。

店員：　18 ユーロ 20 です。

客：　　じゃ, これで。

店員：　ありがとうございます。80 セントのお返しです。袋はご入り用ですか？

客：　　ええ, お願いします。

店員：　どうぞ。いい一日を。

客：　　あなたもね, ありがとう。さようなら。

単音・音節の発音

クイズ1　p.49

[aː]　　a　　　aa　　　ah　　　　　　[ɛ]　　ä　　　e

[iː]　　i　　　ie　　　ih　　　　　　[yː]　　ü　　　üh　　　y

[ɛː]　　ä　　　äh　　　　　　　　　　[a]　　a

[eː]　　e　　　ee　　　eh　　　　　　[øː]　　ö　　　öh

発音のポイント①　*チャレンジ！*　p.55

2. (1)　i　eh　ih　ee　　　　(2)　a　äh　ee　ie

　　(3)　an　am　ahn　　　　(4)　nähe　näher　nähern

クイズ2　p.64

[oː]　　o　　　oh　　　oo　　　　　　[ʊ]　　u

[aɪ]　　ai　　　ei　　　　　　　　　　[ɪ]　　i

[ɔɪ]　　äu　　　eu　　　　　　　　　　[œ]　　ö

[uː]　　u　　　uh　　　　　　　　　　[aʊ]　　au

[ʏ]　　ü　　　y　　　　　　　　　　　[ɐ]　　-er　　　-r

[ɔ]　　o

発音のポイント②　*チャレンジ！*　p.69

2. (1)　(uhr)　(üh)　(ee)　　　3. (1)　[ei]er　　m[au]er　　n[eu]n

　　(2)　(um)　(un)　(ung)　　　　(2)　u[l]m　　a[r]m　　mah[l]

発音のポイント③　*チャレンジ！*　p.77

2. (1) lie__ [t]　　(2) b__at [ʁ]　　(3) ka__t [l]　　(4) le__t [p]

　　(5) e__en [g]　　(6) gl__ [yː]　　(7) l__gen [eː]　　(8) __rei [d]

　　(9) __ein [p]　　(10) lie__ [k]

発音のポイント④　*チャレンジ！*　p.86

2. (1) ein_s_am　　(2) bra_v_　　(3) _b_ier　　(4) q_u_i

　　(5) fü_ß_e　　(6) _w_ä_sch_ _s_t

クイズ3　p.87　　正解：Suppe スープ

Kakao ココア　　　Sekt 発泡性ワイン　　Wein ワイン　　　Schnaps 火酒

Kaffee コーヒー　　Suppe スープ　　　　Wasser 水　　　Saft ジュース

発音のポイント⑤　**チャレンジ！**　p.95

2. (1) su__en　[x]　　(2) __und　[h]　　(3) bü__er　[ç]　　(4) __in　[h]

　　(5) __ena　[j]　　(6) ho__en　[f]

3. abholen　hülle　haar

発音のポイント⑥　**チャレンジ！**　p.101

2. (1) __üge　[ts]　　(2) __laume　[pf]　　(3) deu__　[tʃ]　　(4) __lug　[f]

クイズ4　p.101　　正解：Pferd 馬

Zug 列車　　　Pferd 馬　　　Fahrrad 自転車　　　Taxi タクシー

Straßenbahn 路面電車　　　Dampfer 汽船　　　Flugzeug 飛行機

クイズ5　p.102

München ミュンヒェン　　Russland ロシア　　Schweiz スイス　　Genf ジュネーブ

Luxemburg ルクセンブルク　　Nizza ニース　　Prag プラハ　　Österreich オーストリア

Ungarn ハンガリー　　Mailand ミラノ　　Niederlande オランダ　　Tokio 東京

会話和訳

〜お茶ください〜　p.56

A: Bitte.　　　　　ご用件をどうぞ。

B: Tee, bitte.　　　お茶ください。

A: Bitte?　　　　　え，何ですか。

B: TEE, bitte!　　　お・ちゃ，ください。

A: Ah, o.k.　　　　ああ，わかりました。

A: So... bitte.　　　はい，どうぞ。

B: Danke!　　　　　ありがとう。

A: Bitte!　　　　　どういたしまして。

〜はじめまして！〜　p.70

（手を差し出して）

Emil:　Hallo! Emil, Emil Müller.

こんにちは。僕はエーミール，エーミール・ミュラー。

（握手しながら）

Lilian:　Hallo, Emil!

こんにちは，エーミール。

Mein Name ist [ɪst] Lilian, Lilian Meyer.

私の名前はリーリアン。リーリアン・マイアー。

Emil:　Lilian! Ein toller Name!

リーリアンか，すてきな名前だね。

〜動物園で〜　p.78

Peter: Oma, guck mal! Ein Gorilla! Er ist klein.

おばあちゃん，見て！ ゴリラだよ。小さいね。

Oma: Er ist ein Kind. Komm, Peter.

子どもなんだよ。こっちに来て，ペーター。

Da ist Papa-Gorilla. Er ist klug.

そこにお父さんゴリラがいるでしょ。あれは頭がいいんだよ。

Peter: Nein, er ist dumm.

ちがうよ，あれはバカなんだ。

Oma　Nein, er ist nur müde.

いいえ，ただ眠いだけ。

Er ist alt und klug.

お父さんは年をとっていて賢いんだよ。

〜青のVWです〜　p.87

Eva:　Wo ist dein neues Auto?

あなたの新しい車ってどこにあるの。

Simon:　Da. Vorm Eingang.

そこ。入り口の前。

Eva:　Ein blauer Volkswagen, toll!

青いフォルクスワーゲンじゃない。すごいね。

Simon: Der ist etwas klein, aber gefällt mir gut.
          少し小さいんだけど，気に入ってるんだ。

～自己紹介～　p.96

Michael: Hallo! Ich heiße Michael. Wie heißt du?
           こんにちは，ぼくはミヒャエル。君の名前は何ていうの？
Hanna: Ich heiße Hanna.
           私はハナ。
Michael: Was machst du, Hanna?
           ハナ，君は何してるの。
Hanna: Ich bin Studentin. Ich studiere Jura.
           私は大学生。法学専攻なの。
Michael: Ach so! Ich auch! Ich bin Jurastudent.
           え，そうなの。ぼくもだよ。ぼくは法学部の学生だよ。
Hanna: Woher kommst du, Michael?
           ミヒャエル，どこの出身？
Michael: Ich komme aus Bochum.
           ボーフム出身だよ。

～お大事に！～　p.102

Viktoria: Tag, Maximilian! Wie geht's?
             こんにちは，マクシミーリアン。調子どう？
Maximilian: Nicht so gut. Mir ist übel und ich habe Kopfschmerzen.
             あんまりよくない。気分が悪いし頭が痛い。
Viktoria: Du musst dich schonen. Wir haben bald Examen.
             大事にしたほうがいいよ。私たち，もうすぐ試験じゃない。
Maximilian: O.K. Ich gehe jetzt nach Hause.
             そうだね。これから家に帰るよ。
Viktoria: Gute Besserung!
             お大事に。
Maximilian: Danke, Viktoria! Tschüs!
             ありがとう，ヴィクトーリア。じゃあね。

<付録 2> 発音のしくみ　試してみよう

1. 発音の基礎知識

(1) 無声音と有声音　試してみよう ①　p.163

　ナマヤラワ行の子音は有声音です。マ行の子音はハミングの要領で出します。ハミングしながら口を少し開き，舌先を上の歯茎につけるとナ行の子音になります。ハミングを止め (鼻から息を出さず)，ナ行の子音を出す位置よりやや後ろから前へ舌先で歯茎の内側を軽く弾くようにして「ル」と言うとラ行の子音が出ます。

　ヤは舌が母音イを出すときの位置からアの位置へと (ユではイからウの位置，ヨではイからオの位置へと) 移動するときに瞬間的に出る音です。ワも舌がウを出すときの位置からアの位置へと移動するときに瞬間的に出る音です。従って，子音だけ持続的に発音するのは困難です。呼気に対する妨害が弱く，母音のようによく響く音なので半母音と呼ばれます。

(2) 母音と子音　試してみよう ②　p.164

　カ行の子音の調音点は軟口蓋 (上あごの中央とノドビコの間の辺りで柔らかくなっているところ) です。東京方言をもとに共通語を観察すると，「書く」「歩く」などと言うときの「く」では通常母音が発音されず，カ行の子音の音だけが出ています。自然なスピードで軽く「書く，く，く」のように言って，調音点を確認してみましょう。

　いわゆるべらんめえ口調では，ラ行の子音は舌先が震える音として発音されます。巻き舌のラ行ともいわれます。舌先を上あごの中央寄りのところに向けて折り曲げ，その状態のまま「ロッ，ロッ」と強く声を出すと，舌先が震えます。日本語では，通常のラ行音 (弾き音) で発音しても震え音で発音しても，語の意味に違いは生じません。

(3) 音素　試してみよう ③　p.167

　アイウエオ　カキクケコ　ガギグゲゴ には，日本語の音素 7 つが含まれています。ローマ字書きしてみましょう。まず a i u e o で 5 つです。ka ki ku ke ko　ga gi gu ge go では，もう母音 a i u e o の部分を数える必要はありませんので，k と g のみ数えます。カ行・ガ行の子音はどの段でも同じ (という認識) ですので，一つずつ数えれば済みます。ガ行は鼻にかかったいわゆる鼻濁音 (軟口蓋鼻音) で発音されることもありますが，語の意味は変わりませんので，これを一つの音素として数える必要はありません。

(4) 音の表記　試してみよう ④　p.169

　「っ」が表す音は「促音」と呼ばれます。決まった音ではなく，直後に来る音を出すときの口の形で1拍分 (☞発音のしくみ2 (1)) 待っている状態を表します。「コップ」「かっこ」では，それぞれ [p], [k] の口の形で1拍分息が止まった状態になります。「あっさり」では，[s] の口の形で1拍分息が出ます。

(5) 音声リズム　試してみよう ⑤　p.171

　　　強　　弱　　　　弱強　弱　　弱強　　弱
　1) **ほ**っかいどうの　お**み**やげを　**も**らいました。

英語など強弱リズム言語話者のような発音になります。

　2) ほ|っ|か|い|ど|う|の|お|み|や|げ|を|も|ら|い|ま|し|た。

子どもや日本語学習者の書き取り練習のイメージです。

　3) ほっ|かい|どう|の|おみ|やげ|をも|らい|まし|た。

　2拍をひとまとめにする日本語の自然な発音です。リズムが優先され，語構成や文法構造はしばしば無視されます：
　「ひか|くて|き」(比較的)，「いっ|てき|まし|た」(行って来ました)
曜日や電話番号などの発音でも，2拍に揃えることが好まれます：
　「ゲッ・カー・スイ」(月・火・水)，「イチ・ニー・サン」(1・2・3)

2. ドイツ語の音声の特徴

(1) 音声の単位　試してみよう ⑥　p.172

　1) 結婚式　　　　　　　6拍　4音節
　2) チョコレート　　　　5拍　4音節
　3) コンピューター　　　6拍　3音節

(2) 閉音節　試してみよう ⑦　p.173

　共通語の自然なスピードの発音で軽く「書く」と言うときの「く」のように「書く，く，く」と言って [k] の音を出します。[k] が出たら，その口の形で声を出してみましょう。**ゴ** [go] の子音 **[g]** の音になります。

マ[ma] → **[m]** の音はハミングの要領で出します。ハミングしながら口を少し開き，舌先を上の歯茎につけると，**ネ**[ne] の子音 **[n]** になります。

パ[pa] → **[p]** の音は軽く「カップ，プ，プ」と言って出しましょう。

ヒ [çi] → **[ç]** の音は軽く「マヒ，ヒ，ヒ」と言って出しましょう。

軽く「カス，ス，ス」と言って [s] の音を出しましょう。舌先が歯茎に近づき，摩擦を起こすように呼気の流れを妨害します。そのままの口の形で声を出すと，**ザ** [za] の子音 **[z]** の音になります。

舌先を上の歯茎につけて息を止め，強く息を放出しながら舌先を歯茎から離すと，**テ** [te] の子音 **[t]** が出ます。[t] のときと同じ口の形，同じ要領で声を出すと**ダ** [da] の子音 **[d]** の音になります。

(3) 母音の連続 ①　試してみよう ⑧　p.174

1) Arbeit　→　Ar|beit
2) Euro　→　Eu|ro
3) Röntgen　→　Rönt|gen
4) Baum　→　Baum
5) Volkswagen　→　Volks|wa|gen
6) Gelände　→　Ge|län|de

(4) 母音の連続 ②　試してみよう ⑨　p.175

母音をつなげて発音した場合
　1) 砂糖屋／里親　　2) 会いたい　　3) 金をくれ
母音間に声門閉鎖を入れて発音した場合
　1) 里親　　　　　　2) あ，痛い　　3) 金，送れ

(5) 母音の長短　試してみよう ⑩　p.176

拍を発音上の単位とする日本語では，促音「ッ」，長音「ー」も含め，すべての仮名が※ほぼ均等の時間的長さで発音されます。しかし音節を発音上の単位とすると，「ッ」「ン」は母音を含まないため，単独で音節となることができません。前の音節の一部となります。従って音節単位で発音する習慣のある人が日本語の文を発音すると，「ッ」「ン」に 1 拍分の時間をかけず，前の仮名とひとまとめに発音してしまう傾向があります。同様に「アイ」「エイ」「アー」「オー」のように母音が連続したり長音を含んだりする場合にも，これを一つの母音ととらえて後半部分の「イ」や「ー」に 1 拍分の時間をかけない傾向もあります。

※「キャ・キュ・キョ」などの「ヤユヨ」は，拍にも音節にもなりません。「キャ」で 1 拍 1 音節です。

1) 学校に行ってきます　→　**が**｜こー｜に｜**い**｜て｜き｜ま｜す

2) がんばってください　→　がん｜**ば**｜て｜く｜だ｜さい

(6) アクセント　試してみよう ⑪　p.177

danke では, 第1音節 dan の母音 a を相対的に強く短く発音します。

Italien では, 第2音節 ta の母音 a を相対的に強く長く発音します。

beginnen では, 第2音節 gin の母音 i を相対的に強く短く発音します。

語末の -e, -en の e および beginnen の接頭辞 be- の e は, あいまい母音と呼ばれる音です (☞単音・音節の発音4. 母音(3))。力を抜いて軽く発音しましょう。

(7) アルファベット　試してみよう ⑫　p.178

1) UV　2) DNA　3) EU　4) ISBN　5) PC　6) WHO　7) IQ　8) DVD

(8) 語構成と発音　試してみよう ⑬　p.179

Schifffahrt → Schiff|fahrt	Elternabend → Eltern|abend
Teelöffel → Tee|löffel	Spielplatz → Spiel|platz
Esslöffel → Ess|löffel	Dampfschiff → Dampf|schiff
Beispiel → Bei|spiel	Großeltern → Groß|eltern
Pfefferminztee → Pfefferminz|tee	Abendessen → Abend|essen

(9) 文レベルの発音　試してみよう ⑭　p.181

1) Meine **Mutter** hat gestern einen roten Regenschirm gekauft.
　　父や兄弟姉妹などではなく「母が」赤い傘を買った。

2) Meine Mutter hat **gestern** einen roten Regenschirm gekauft.
　　先週, 一昨日などではなく「昨日」買った。

3) Meine Mutter hat gestern **einen** roten Regenschirm gekauft.
　　2本や3本ではなく「1本」買った。

客観的・中立的な発話では, 通常 Regenschirm に最も強いアクセントが置かれます (☞文の発音1. アクセント(1), リズム練習2)。

語彙集 ✏

「文の発音」「単音・音節の発音」で使用された語彙です。テキスト内で用いられた意味・用法を中心に挙げましたので，その他の用法は辞書等で確認してください。

動=動詞　助=助動詞　男=男性名詞　女=女性名詞　中=中性名詞　複=複数形; 複数名詞　代=代名詞　形=形容詞　副=副詞　前=前置詞　接=接続詞　冠=冠詞　間=間投詞　数=数詞

A

ab 副 離れて，取れて
ab|biegen 動 曲がる
abends 副 晩に
aber 接 [並列] しかし; (驚きや強調) 何て; もちろん
ab|stürzen 動 墜落する
ach 間 ああ，おお
also 副 だから，すなわち
alt 形 年取った，古い
am [an dem の融合形] ➡ an
Amt 中 [複] Ämter 公職; 役所
an 前 [3・4格支配] ～に接して
an|kommen 動 [分離] 到着する
Anna [女名] アナ
an|rufen 動 [分離] ～⁴ に電話をかける
Apfel 男 [複] Äpfel りんご
arbeiten 動 働く
auch 副 ～も，同様に
auf 前 [3・4格支配] ～の上
aus 前 [3格支配] ～から
ausgebucht 形 全席予約済みの
aus|machen 動 [分離] (etwas, nichts, viel などを伴って) 意味(重要性)を持つ
aus|schalten 動 [分離] ～⁴ のスイッチを切る
aus|sehen 動 [分離] (～のように) 見える
Auto 中 [複] -s 自動車
Autoschlüssel 男 [複] – 車の鍵

B

Bäckerei 女 [複] -en パン屋
Bahnhof 男 -höfe 鉄道の駅
bald 副 まもなく

Ball 男 [複] Bälle ボール
Baum 男 [複] Bäume 木
behaupten 動 主張する
Bein 中 [複] -e 脚
Beispiel 中 [複] -e 例
bequem 形 快適な
Berlin [地名] ベルリン
Besserung 女 回復，改善
Bewohner 男 [複] - 住人
Bier 中 ビール
bin ➡ sein 動
bitten 動 [間投詞的に] bitte どうぞ; お願いします; どういたしまして; え，何ですって？
blass 形 青ざめた
blau 形 青い
bleiben 動 とどまる，滞在する
Bochum [地名] ボーフム
Bremen [地名] ブレーメン
Brot 中 [複] -e パン
Brötchen 中 [複] - ブレートヒェン (小型パン)
Bruder 男 [複] Brüder 兄弟
Buch 中 [複] Bücher 本
Bus 男 [複] Busse バス

C

Cent 男 セント (100 分の 1 ユーロ)
Chemie 女 化学
Chinesisch 中 中国語

D

da 副 そこに
damals 副 当時

Dampfer 男 [複] – 汽船
danken 動 [間投詞的に] danke ありがとう
dann 副 それから
das 代 [指示] 中性1・4格 それ(これ・あれ) が・を
dass 接 [従属] ～ということ
dein 代 [所有] 君の ➡ mein
der 冠 [定] その, この, あの

	男性	女性	中性	複数
1	der	die	das	die
2	des	der	des	der
3	dem	der	dem	den
4	den	die	das	die

der 代 [指示] 男性1格 それ(これ・あれ) が
Deutsch 中 ドイツ語
Deutschland [地名] ドイツ
Deutschunterricht 男 ドイツ語の授業
dich 代 [人称] 2人称親称単数4格 君を
Dienstag 男 火曜日
dir 代 [人称] 2人称親称単数3格 君に
doch 副 (命令文で) さあ, さっさと, ぜひ
du 代 [人称] 2人称親称単数1格 君が
dumm 形 愚かな
dürfen 助 [話法] ～してもよい

E

eher 副 より早く; むしろ
eigentlich 副 本当は, 実際は
ein 冠 [不定] 一つの, 一人の, ある

	男性	女性	中性
1	ein	eine	en
2	eines	einer	eines
3	einem	einer	einem
4	einen	eine	ein

Eingang 男 [複] -gänge 入口
Eltern 複 両親
Emil [男名] エーミール
Empfang 男 受領; 受付
empfehlen 動 勧める
eng 形 狭い
England [地名] イギリス; イングランド
Englisch 中 英語

Entschuldigung 女 許し; 言い訳; [間投詞的に]
　　　　　　　　ごめんなさい, すみません
er 代 [人称] 3人称男性1格 彼(それ)が
Erwachsene 男 女 複 [形容詞変化] 成人, 大人
es 代 [人称] 3人称中性1・4格 それが・を
essen 動 ～⁴を食べる; 食事をする
etwas 代 [不定] 何か, あるもの [副詞的に] 少し
Euro 男 ユーロ
Eva [女名] エーファ
Examen 中 [複] – 試験

F

fahren 動 (乗り物で) 行く
Fahrrad 中 [複] -räder 自転車
feiern 動 祝う
Ferienhaus 中 [複] -häuser 別荘
Film 男 [複] -e 映画
finden 動 ～⁴を見つける; (～⁴を～と) 思う
findet…statt [分離] ➡ statt|finden
fleißig 形 勤勉な
fliegen 動 飛ぶ; (飛行機で) 行く
Flugzeug 中 [複] -e 飛行機
Fluss 男 [複] Flüsse 川
Frau 女 [複] -en 女性; 妻; (女性の姓の前で) ～さん
Freund 男 [複] -e (男性の)友人; ボーイフレンド
Freundin 女 [複] Freundinnen　(女性の) 友人;
　　　　　　　　　　　　ガールフレンド
Früchtebrot 中 [複] -e ドライフルーツ入りパン
Frühstück 中 朝食
Fuß 男 [複] Füße （くるぶしから下の) 足

G

ganz 副 まったく; かなり, まあまあ　形 全部の
geben 動 ～³に～⁴を与える
gebraucht 形 中古の
Geburtstag 男 誕生日
gefallen 動 ～³の気に入る
gegen 前 [4格支配] ～に対して; (およその時間) ～頃
gegessen [過分] ➡ essen
gehe…mit [分離] ➡ mit|gehen
gehen 動 (歩いて) 行く

gehören 動 ~³のものである
gelb 形 黄色の
Geld 田 お金
Geldbeutel 男 [複] - 財布
genau 副 ちょうど
Genf [地名] ジュネーブ
gern 副 好んで
gestern 副 昨日
gesund 形 健康な
getrunken [過分] ➡ trinken
gewinnen 動 勝つ, 獲得する; (くじに) 当たる
gewonnen [過分] ➡ gewinnen
Glas 田 [複] Gläser ガラス; グラス
Glück 田 幸運
glücklich 形 幸運な; 幸せな
Gorilla 男 [複] -s ゴリラ
groß 形 大きい
Größe 女 大きさ, サイズ
guck [命令形] ➡ gucken
gucken 動 見る
gut 形 良い

H

haben 動 ~⁴を持っている 助 [完了]
Halle 女 [複] -n ホール, 講堂
hallo 間 やあ, おい, もしもし
Hand 女 [複] Hände 手
Handtuch 田 [複] -tücher タオル
Hanna [女名] ハナ
hätte [接続法 II 式] ➡ haben
Haus 田 [複] Häuser 家 *zu Hause* 家に
Hausaufgaben 複 宿題
Haustür 女 [複] -en 玄関のドア
heißen 動 ~という名前である
Heizung 女 [複] -en 暖房
heute 副 今日
hier 副 ここに
Hilfe 女 [複] -n 助け
Himmel 男 空, 天国
hoch 形 高い

höchst [最上級] ➡ hoch
hören 動 ~⁴を聞く, ~⁴が聞こえる
hübsch 形 かわいい
Huhn 田 [複] Hühner (雌雄の区別なく) 鶏
Hund 男 [複] Hunde 犬
Hunger 男 空腹

I

ICE 男 (Intercityexpresszug) 都市間超特急列車
ich 代 [人称] 1 人称単数 1 格 私が
ihm 代 [人称] 3 人称男性/中性 3 格 彼(それ)に
ihn 代 [人称] 3 人称男性 4 格 彼(それ)を
ihnen 代 [人称] 3 人称複数 3 格 彼ら(それら)に
Ihnen 代 [人称] 2 人称敬称単数/複数 3 格 あなた(あなたがた)に
ihr 代 [人称] 2 人称親称複数 1 格 君たちは
ihr 代 [人称] 3 人称女性 3 格 彼女(それ)に
ihr 代 [所有] 彼女(それ)の ➡ mein
immer 副 いつも
in 前 [3・4格支配] ~の中
ins [in das の融合形] ➡ in
ist ➡ sein 動

J

ja 副 (肯定・同意を示して) はい
Japan [地名] 日本
Japanisch 田 日本語
jemand 代 [不定] 誰か, ある人
jetzt 副 今
jung 形 若い
jünger [比較級] ➡ jung
Jura 複 法学
Jurastudent 男 [複] -en 法学専攻の学生

K

Kaffee 男 コーヒー
Kakao 男 ココア
kann ➡ können
Käse 男 [複] - チーズ
Kater 男 [複] - オス猫
kaufen 動 ~⁴を買う

Kaufhaus 甲 [複] -häuser デパート

kein 冠 [否定] 一つも(一人も)〜ない

	男性	女性	中性	複数
1	kein	keine	kein	keine
2	keines	keiner	keines	keiner
3	keinem	keiner	keinem	keinen
4	keinen	keine	kein	keine

kennen 動 〜⁴を知っている

Kind 甲 [複] -er 子ども

Kirche 女 [複] -n 教会

klatschen 動 拍手する, パチンと音を立てる

Klavier 甲 [複] -e ピアノ

Kleidung 女 衣服, 衣類

klein 形 小さい

klug 形 賢い

Knoten 男 [複] - 結び目

kochen 動 〜⁴を煮る; 料理する

Köln [地名] ケルン

komm [命令形] ➡ kommen

kommen 動 来る

kommt…an [分離] ➡ an|kommen

kommt…mit [分離] ➡ mit|kommen

Kommunikation 女 コミュニケーション

können 助 [話法] 〜することができる

Konzert 甲 [複] -e コンサート

Kopfschmerzen 複 頭痛

krank 形 病気の

Kuchen 男 [複] - ケーキ

Kundin 女 [複] Kundinnen (女性の) 客

Kunst 女 [複] Künste 芸術, 美術

kurz 形 短い

L

Länge 女 長さ

laufen 動 走る

lecker 形 おいしい, おいしそうな

Lehrer 男 [複] - (男性の) 教師

Lehrerin 女 [複] Lehrerinnen (女性の) 教師

leicht 形 軽い; 簡単な

leihen 動 〜⁴を貸す; 〜⁴を借りる

lernen 動 〜⁴を学ぶ; 勉強する

lesen 動 〜⁴を読む; 読書する

Leute 複 人々

Lexikon 甲 [複] Lexika (百科)事典

lieben 動 〜⁴を愛する, 愛好する

lieber [比較級] ➡ gern

liegen 動 横たわっている, ある

Lilian [女名] リーリアン

Lotto 甲 [複] -s ロット (宝くじの一種)

Luft 女 空気

Lust 女 気持ち, 欲求

Luxemburg [地名] ルクセンブルク

M

machen 動 〜⁴をする, 作る

macht…aus [分離] ➡ aus|machen

mächtig 形 権力のある; がっしりした

Mädchen 甲 [複] - 少女

mag ➡ mögen

Mailand [地名] ミラノ

mal 副 (命令文で誘いや促しを示して) ちょっと

malen 動 〜⁴を描く

Maler 男 [複] - 画家

man 代 [不定] (不特定一般の人(々)を指して) 人は

Mann 男 [複] Männer 男性; 夫

Mannheim [地名] マンハイム

Max [男名] マックス

Maximilian [男名] マクシミーリアン

Meer 甲 [複] -e 海

mehr 副 (否定を表す語と) もはや〜ない

mein 代 [所有] 私の

	男性	女性	中性	複数
1	mein	meine	mein	meine
2	meines	meiner	meines	meiner
3	meinem	meiner	meinem	meinen
4	meinen	meine	mein	meine

meinen 動 〜と思う, 〜という意見である

Meinung 女 [複] -en 意見, 考え

Meter 男 [複] - メートル

Meyer [姓] マイヤー

mich 代 [人称] 1人称単数4格 私を

Michael [男名] ミヒャエル

Milch 女 ミルク

mir 代 [人称] 1人称単数3格　私に

mit 前 [3格支配] 〜と一緒に; 〜で

mit|gehen 動 一緒に行く

mit|kommen 動 一緒に来る

Mittag 男 [複] -e 正午, 昼

mögen 動 〜⁴を好む 助 [話法] 〜かもしれない

Montag 男 [複] -e 月曜日

morgen 副 明日

Morgen 男 [複] – 朝

müde 形 疲れている, 眠い

Mühe 女 労力, 努力

Müll 男 ごみ

Müller [姓] ミュラー

München [地名] ミュンヒェン

Musik 女 音楽

müssen 助 [話法] 〜しなければならない

Mutter 女 [複] Mütter 母親

N

nach 前 [3格支配] 〜へ; 〜の後で

nächst 形 次の

Nacht 女 [複] Nächte 夜

Nähe 女 近く, 近所

nähen 動 〜⁴を縫う

nahm [過去] ➡ nehmen

Nahrung 女 栄養

Name 男 [複] -n 名前

nehmen 動 〜⁴を取る

nein 副 (否定・拒絶を示して) いいえ

nennen 動 〜⁴を〜⁽⁴⁾と名づける, 呼ぶ

neu 形 新しい

nicht 副 〜(で)ない

nichts 代 [不定] 何も〜ない

Niederlande 複 [地名] オランダ

Nizza [地名] ニース

noch 副 まだ; さらに

Note 女 [複] -n 成績; 音符

Nummer 女 [複] -n 番号

nun 副 今, 今や

nur 副 ただ〜だけ

O

öffnen 動 〜⁴を開ける

oft 副 しばしば

Öl 中 油

Oma 女 [複] -s おばあちゃん

Ort 男 [複] -e 場所

Österreich [地名] オーストリア

P

paar 数 [不定] (ein paar の形で) 二三の

Papa-Gorilla 男 [複] -s お父さんゴリラ

parken 動 駐車する

passen 動 ぴったり合う

Paul [男名] パウル

Peter [男名] ペーター

Pferd 中 [複] -e 馬

Pflanze 女 [複] -n 植物

Phase 女 [複] -n 段階, 局面

Phrase 女 [複] -n 決まり文句; 成句

Platz 男 [複] Plätze 広場; 場所; 座席

Prag [地名] プラハ

Punkt 男 [複] -e 点

Q

Quatsch 男 くだらないこと

Quelle 女 [複] -n 泉; 源, 出所

R

Rathaus 中 [複] -häuser 市役所

Raum 男 [複] Räume 部屋; 空間

räumen 動 〜⁴を取り除く; 〜⁴を空ける

Reihe 女 [複] -n 列

richtig 形 正しい

Ring 男 [複] -e 輪; 指輪

Roggenbrot 中 [複] -e ライ麦パン

Rolle 女 [複] -n 役割

rufen 動 呼ぶ; 叫ぶ

rühren 動 〜⁴をかき混ぜる; an 〜⁴ に触れる

Russland [地名] ロシア

S

Saft 男 [複] Säfte ジュース
sagen 動 言う
Sand 男 砂
sauer 形 酸っぱい
schade 形 残念な
schalte…aus [分離] [命令形] ➡ aus|schalten
Schiff 中 [複] -e 船
schlafen 動 眠っている; 寝る
Schloss 中 [複] Schlösser 城, 宮殿; 錠
Schlüssel 男 [複] - 鍵
Schnaps 男 火酒 (アルコール度の高い蒸留酒の総称)
Schnee 男 雪
schnell 形 速い
schon 副 すでに
schön 形 美しい; (あいさつにに添えて) 心から
schonen 動 [再帰 sich⁴] 体を大事にする
schreiben 動 ～⁴を書く; 手紙を書く
Schule 女 [複] -n 学校
Schüler 男 [複] - (男性の) 生徒
Schweiz 女 [地名] スイス
Schwester 女 [複] -n 姉妹
sein 動 ～である 助 [完了]
sein 代 [所有] 彼(それ)の ➡ mein
Sekt 男 発泡性ワイン
selbst 副 自分自身, それ自体
sich 代 [再帰] 2人称敬称/3人称 単数/複数 3・4格
sicher 副 きっと, 確かに
Sie 代 [人称] 2人称敬称単数/複数 1・4格 あなた (あなたがた)が・を
sie 代 [人称] 3人称女性 1・4格 彼女(それ)が・を; 3人称複数 1・4格 彼ら(それら)が・を
siehst…aus [分離] ➡ aus|sehen
sieht…aus [分離] ➡ aus|sehen
Simon [男名] ズィーモン
sind ➡ sein 動
singen 動 (～⁴を) 歌う
Situation 女 [複] -en 状況; 立場
so 副 そのように; それほど; とても; さあ
Sofa 中 [複] -s ソファ

sondern 接 [並列] nicht~, sondern... ～ではなく…
Sonntag 男 [複] -e 日曜日
sonst 副 その他に; さもないと
Spiel 中 [複] -e 遊び; 試合
Sport 男 [複] -e スポーツ
Stadt 女 [複] Städte 町
Station 女 [複] -en 停留所, 駅
statt|finden 動 [分離] 行われる, 開催される
stimmen 動 合っている
Straßenbahn 女 [複] -en 路面電車
Student 男 [複] -en (男性の) 大学生
Studentin 女 [複] Studentinnen (女性の)大学生
studieren 動 大学で勉強する; ～⁴を専攻する
super 形 すばらしい
Suppe 女 [複] -n スープ
Susanne [女名] ズザネ
süß 形 甘い; かわいい

T

Tag 男 [複] -e 日; 昼
tatsächlich 副 実際に, 本当に
Taxi 中 [複] -s タクシー
Tee 男 お茶
Text 男 [複] -e テキスト
Thema 中 [複] Themen テーマ, 主題
Thomas [男名] トーマス
Tiger 男 [複] - トラ
Tisch 男 [複] -e 机, テーブル
Tokio [地名] 東京
toll 形 すごい, すてきな
Topf 男 [複] Töpfe 深なべ
trinken 動 (～⁴を) 飲む
trocken 形 乾いた; 辛口の
tschechisch 形 チェコ(語)の
tschüs 間 バイバイ, じゃあね
Tuch 中 [複] Tücher 布
Tulpe 女 [複] -n チューリップ
Tür 女 [複] -en ドア
Turm 男 [複] Türme 塔, タワー
Tüte 女 [複] -n 袋

Typ 男 [複] -en 型, タイプ

U

übel 形 気分が悪い
Uhr 女 [複] -en 時計
um前 [4格支配] ～の周り; ～時に
und 接 [並列] ～と～, そして
Ungarn [地名] ハンガリー
unglaublich 形 信じられない
unter 前 [3・4格支配] ～の下
unterhalten 動 [再帰 sich⁴] mit ～と語り合う

V

Vater 男 [複] Väter 父親
vergessen 動 ～⁴を忘れる
Verkäuferin 女 [複] Verkäuferinnen (女性の) 店員
verschließen 動 ～⁴に鍵をかける
versprechen 動 ～⁴を約束する
Verweis 男 [複] -e 参照指示
viel 形 多くの, たくさんの
Viktoria [女名] ヴィクトーリア
Vogel 男 [複] Vögel 鳥
Volkswagen 男 [複] – (商標) フォルクスワーゲン
von 前 [3格支配] ～から; ～の
vor 前 [3・4格支配] ～の前
vor|haben 動 [分離] ～⁴を予定している
vorm [vor dem の融合形] ➡ vor

W

Wagen 男 [複] – 車; 車両
waren [過去] ➡ sein 動
warm 形 暖かい
wart [過去] ➡ sein 動
was 代 [疑問] 何が, 何を
Wasser 田 水
wechseln 動 ～⁴を替える, 両替する; 変わる
Weihnachten 田 [複] – (しばしば複で) クリスマス
Wein 男 ワイン
Weinlokal 田 [複] -e ワイン酒場
weißt ➡ wissen
welche 代 [疑問] 女性/複数 1・4格 どの～が・を

wem 代 [疑問] wer の3格 誰に
wer 代 [疑問] 誰が
werden 助 [未来・話法] ～だろう
Whisky 男 ウイスキー
wie 副 [疑問] どのように 接 [従属] ～のような
Wiedersehen 田 再会 *Auf Wiedersehen!* さようなら
Wind 男 風
wir 代 [人称] 1人称複数1格 私たちが
wird ➡ werden
wissen 動 ～⁴を知っている
wo 副 [疑問] どこで, どこに
Woche 女 [複] -n 週
woher 副 [疑問] どこから
wohin 副 [疑問] どこへ
wohnen 動 住んでいる
wollen 動 欲する, 望む 助 [話法] ～するつもりだ
Wurst 女 [複] Würste ソーセージ
Wüste 女 [複] -n 砂漠

Z

Zeit 女 [複] -en 時間
Zeitung 女 [複] -en 新聞
zerschlagen 動 ～⁴を打ち砕く, 粉砕する
zerstören 動 ～⁴を破壊する
ziehen 動 ～⁴を引く, 引っ張る
Zimmer 田 [複] – 部屋
Zoo 男 [複] -s 動物園
Zopf 男 [複] Zöpfe ねじりパン
zu 前 [3格支配] ～(の所)へ; ～(の所)に; ～(の時)に
　　　[動詞の不定詞について zu 不定詞を作る]
zu 副 あまりにも～, ～すぎる
Zug 男 [複] Züge 列車
Zukunft 女 未来, 将来
zum [zu dem の融合形] ➡ zu
zur [zu der の融合形] ➡ zu
zurück 副 戻って
zurück|kommen 動 [分離] 戻って来る
zweimal 副 2回; 2倍
Zwiebelkuchen 男 [複] – オニオンキッシュ
zwischen 前 [3格支配] ～と～の間

本書の姉妹版として，Web『発音の森』が用意されています。Webでは画面を見ながら発音練習します。カラーやイラストも多用されています。スマートフォンにサイトを登録して通勤・通学時に利用するなど，活用してください。

『発音の森』　Webサイト
http://fit-aussprache.com

ドイツ語発音・発話 徹底ガイド

2019 年 6 月 20 日　　初版発行
2020 年 2 月 20 日　　第 2 刷発行
著　者　　立川睦美
　　　　　　中川純子
発行者　　大井敏行
発行所　　株式会社　郁文堂
　　　　　〒113-0033　東京都文京区本郷 5-30-21
　　　　　電話 [営業] 03-3814-5571 [編集] 03-3814-5574
　　　　　振替　00130-1-14981

ISBN 978-4-261-07339-3　　　©2019 Printed in Japan
許可なく複製・転載すること, ならびに部分的にもコピーすることを
禁じます。